懐かしい沿線写真で訪ねる

東海道線・横須賀線

街と駅の1世紀

生田 誠 著

有楽町駅を通過する80系電車　昭和51年　撮影：長門 朗

アルファベータブックス

CONTENTS

まえがき ……… 4	保土ケ谷 ……… 44	熱海 ……… 74
東京 ……… 6	東戸塚 ……… 46	西大井・武蔵小杉・新川崎 … 76
有楽町 ……… 10	戸塚 ……… 48	北鎌倉・鎌倉 ……… 78
新橋 ……… 12	大船 ……… 50	逗子 ……… 80
浜松町 ……… 16	藤沢 ……… 52	東逗子・田浦 ……… 82
田町 ……… 18	辻堂 ……… 54	横須賀 ……… 84
品川 ……… 20	茅ケ崎 ……… 56	衣笠・久里浜 ……… 86
大井町 ……… 24	平塚 ……… 58	
大森 ……… 26	大磯 ……… 60	COLUMN
蒲田 ……… 28	二宮・国府津 ……… 62	開業当時の東海道線 ……… 23
川崎 ……… 30	鴨宮 ……… 64	鶴見線 ……… 35
鶴見 ……… 34	小田原 ……… 66	東海道線の切符と時刻表 ……… 47
新子安 ……… 36	早川・根府川 ……… 68	御殿場線 ……… 65
東神奈川 ……… 38	真鶴 ……… 70	丹那トンネル ……… 73
横浜 ……… 40	湯河原 ……… 72	横須賀の旧海軍施設 ……… 83

本書内の「現在」は、原則として本書発行時点を意味します。
本文の駅概要欄の「乗車人員」は2013年の数値で、降車人員を含みません。

三省堂「最新鉄道旅行図」(昭和5年)

戦前の時刻表と沿線案内図

(1) 東海道線

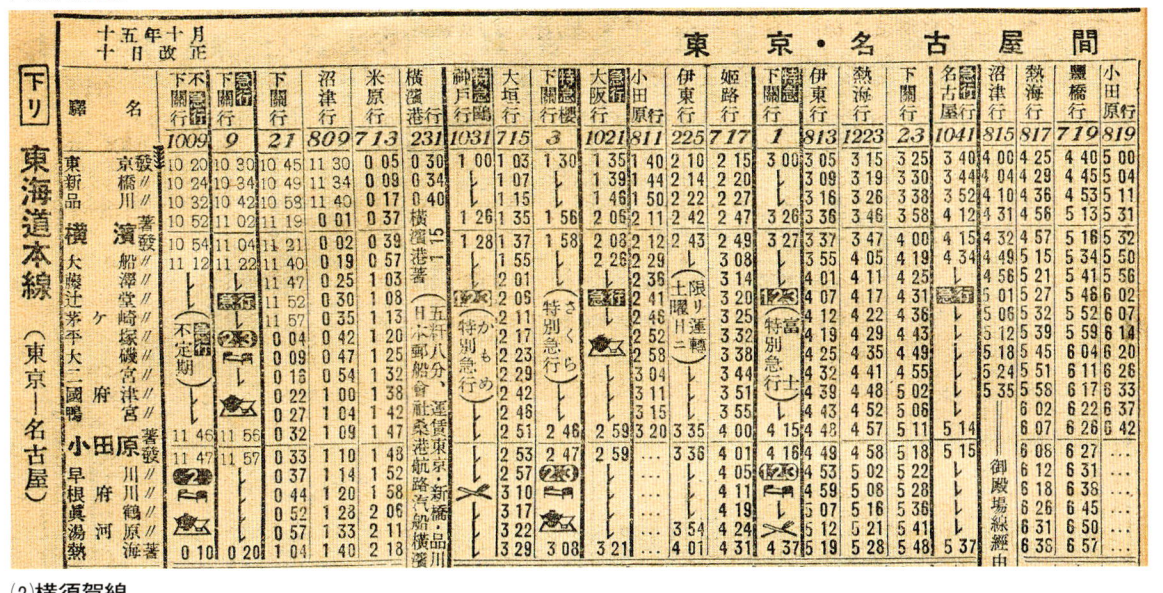

(2) 横須賀線

鉄道省編集「時刻表」（昭和16年3月号）

早川付近を走るEF55牽引の特急「燕」（昭和11年）　撮影：荻原二郎

まえがき

　東海道線は東京から中京の大都会・名古屋を経由し、関西「三都」の京都、大阪、神戸に至る日本の大動脈である。その路線の中でも、東京（新橋）から横浜（桜木町）までの路線は、日本で最初に開業した鉄道であり、首都と当時の日本の玄関口（外港）を結ぶ最も重要な鉄道線だった。本書では、東京から熱海までの東海道線について、各駅の歴史、街、名所の姿などを写真と文章で紹介する。

◇　◇　◇

　日本の鉄道の歴史は、明治5（1872）年10月14日の新橋～横浜間の開業に始まるが、それ以前、6月には品川～横浜間が仮開業している。明治20（1887）年には横浜～国府津間が開業し、明治22（1889）年には遅れていた国府津～浜松間が開通し、東海道線が全通した。もっとも、この当時の東海道線は御殿場線経由で、現在の熱海経由となるのは丹那トンネルが開通する昭和9（1934）年である。

　御殿場線との分岐点となっている国府津以西（南）・小田原・熱海に至るルートの鉄道は当初、馬車鉄道などが担っていた。しかし、官設（国有）鉄道建設が求められ、大正9（1920）年に国府津～小田原間の熱海線が開通した。以後、延伸を続け、大正14（1925）年に熱海まで全通した。この路線が後に東海道線の一部となった。

　一方、当初は新橋駅から出発していた鉄道も、より大きな首都の中央停車場（駅）の必要が生じ、現在の東京駅の建設、延伸が進められた。途中の有楽町駅は明治43（1910）年に開業している。東京駅の開業は大正3（1914）年で、このときに初代新橋駅は汐留駅に、本線上に開業していた烏森駅が二代目（現）新橋駅となっている。

　日本を代表する幹線であるだけに、東海道線の京浜区間が電化（複線化）されるのも早かった。明治42（1909）年には、山手線に続く品川から烏森（現・新橋）まで、明治43（1910）年には有楽町（後に呉服橋仮駅）までの電車線が開通した。大正3年には東京駅が開業し、東京～高島町間の京浜電車の運転が開始された。さらに大正14（1925）年には、横浜～国府津間の電化が完成、昭和3（1928）年に小田原～熱海間も電化されている。

◇　◇　◇

　本書でこれから見て行く東京・熱海間の鉄道、駅は大きく4つの区間に分けることができるだろう。まず、第一は東京～品川間である。この区間は山手線の（並走）区間であり、東京の中でも最も繁華な場所を走っている。京浜東北・山手線の電車区間であるために駅間も短く、利用者数も多い。車窓から眺める風

東京駅のホーム（大正期）

東京駅の構内（大正期）

景は高層の商業、オフィスビルが立ち並び、現在では瓦屋根の日本家屋をほとんど見かけなくなった。

続く品川〜横浜間は前述した通り、日本最古の鉄道路線である。当時、海岸線近くを走っていた区間も埋め立てにより、海から遠く離れた場所を走ることになっている。日本経済を支える京浜工業地帯の中心地を走る区間であり、大小の工場が並ぶ沿線風景が目立っていたが、一方で鉄道の利便性から、沿線では最も早く住宅地として開発された区間でもあった。

三番目の横浜〜大船間は、近年開発された住宅地の間を走っていく。それ以前は、東海道の宿場が置かれており、谷戸の風景が広がる起伏に富んだ場所でもあった。このあたりになると駅間も長くなり、郊外路線の趣も強くなる。

ラストは大船〜熱海間である。この区間の前半は湘南の海岸線を走り、後半は箱根・函南の山地の下を通るトンネルが多い区間となる。国府津以西は、比較的歴史の新しい路線でもある。車窓の風景が変わるとともに、車内の乗客の数も徐々に減ってくる。休日には、レジャー客の姿が目立つ路線である。

◇ ◇ ◇

東海道線は、弟分ともいえる東海道新幹線・山陽新幹線の開通で、その性格が大きく変化した。特急・急行、寝台列車を含めた長距離列車が姿を消し、近郊区間を走る電車、貨物列車が主役となった。また、一方では、成田エクスプレスを含めた、横須賀・総武快速線や湘南新宿ライン、上野東京ラインの電車が乗り入れ、走行する電車の利便性、多様性は増している。

◇ ◇ ◇

一方、横須賀線は東海道線の支線として、明治22（1889）年に大船〜横須賀間が開業した。当時、横須賀には日本海軍の拠点となる横須賀鎮守府が置かれており、兵員や物資の輸送を担う重要な路線となった。そのため、大正14（1925）年には当時の全線が電化され、後に東京・横須賀間の電車運転も開始された。昭和19（1944）年には横須賀〜久里浜間が延伸している。

戦後、沿線の人口が増加し、通勤および観光の利用者も増えたことで、昭和55（1980）年には東海道線との分離運転が実施され、品鶴線経由となっている。また、東京駅を経由する総武（快速）線との直通運転も実現した。また、この路線を走る列車は、通称「横須賀色（スカ色）」のクリーム色と青色の車体カラーが採用されている。

2015年5月　生田　誠

東京駅丸の内口、御大典（大正期）

東京駅丸の内口、空撮（昭和戦前期）

とうきょう

東京

中央停車場として、大正3年に開業
新幹線、中央線、京葉線などに連絡

開業年	大正3(1914)年12月20日
所在地	千代田区丸の内1-9-1
キロ程	0.0km(東京起点)
駅構造	高架・地下駅
ホーム	在来線(高架)5面10線・在来線(総武地下)2面4線・在来線(京葉地下)2面4線・新幹線5面10線
乗車人員	415,908人

東京駅丸の内口(大正期)
丸の内口の駅前に広い空間があった頃の東京駅。自動車の姿は見えず、人の数も少なく、馬車の姿が目立っていた。

都電が走る東京駅丸の内口(昭和42年)
丸ノ内ビル(現・丸の内ビル)側から見た東京駅丸の内口。バス・タクシーと並んで都電の姿があった頃である。
撮影：小川峯生

東京駅丸の内口(現在)
開業100周年を機にリニューアルされた東京駅丸の内口。首都・東京を代表する平成の観光スポットでもある。

　東京駅は東海道線の始発駅であるだけでなく、首都・東京の中心駅として、この街を発着するJR線の起点ともなっている。駅の開業は大正3(1914)年12月であり、2014年に開業以来100年を迎え、丸の内駅舎が復原されたのは記憶に新しい。開業以来、常に変化を遂げつつある日本一のマンモス駅といっても良いだろう。

　その歴史を紐解けば、新橋駅に代わる新しい東海道線の起点として計画され、同時に首都の中央駅としての皇居の目の前に置かれることになり、開業当時は丸の内側のみに開かれていた。反対側の八重洲口が開設されるのは、開業15年後の昭和4(1929)年である。

　東海道線に続いて、大正8(1919)年には中央線、大正14(1925)年に東北線が乗り入れ、昭和39(1964)年には東海道新幹線の始発駅となった。その後も、総武線、京葉線が地下ホームに乗り入れ、上野始発だった東北新幹線もこの駅までやってきた。平成27(2015)年には、上野東京ラインの開通(運転)も実現している。一方、東海道線に限定すれば、上野東京ラインの開通により、東京駅が始発駅となる東海道線の列車の数は減少した。

　また、これも時代の変化の一環であるが、新幹線の開業に伴い、過去に東京駅を発して東海道線を西に下る特急、急行等は、次々と姿を消していった。現在の東海道線は・通勤・通学客および近郊(湘南・伊豆方面)に向かう観光客が主に利用する路線となっている。

159系の準急「ながら」（昭和39年）
159系は昭和36年にデビュー。愛知・岐阜・三重の修学旅行生を乗せて「こまどり」の愛称で運行を開始。多客期には「ながら」としても運用され、最終的には「東海」で使われたが、最後まで冷房装置は搭載されなかった。

撮影：伊藤威信

ありし日の12・13番線ホーム（昭和55年）
12番線に停車している急行「伊豆」。左の線路は11番線でホームが存在しない。現在この付近の場所は東北・上越・北陸新幹線のホームとなっている。

撮影：伊藤威信

横須賀線の113系（昭和55年）
113系は昭和39年に登場したが、その約2年前に初の直流型近郊用電車としてデビューした111系の主電動機を変更した形式である。

撮影：伊藤威信

古地図探訪
昭和30年／東京駅付近

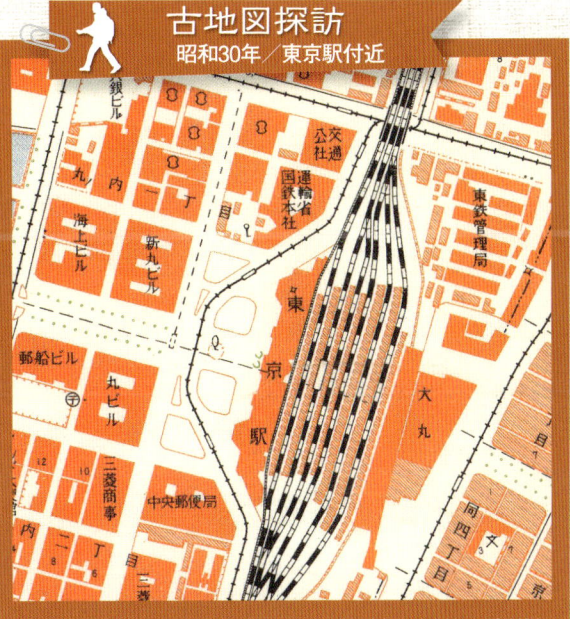

東海道新幹線がまだ開通せず、都電の路線が丸の内側と八重洲側にあった頃の東京駅である。丸の内側には国鉄本社、八重洲側には国鉄東京鉄道管理局、国鉄関連のビルがあった。丸の内側には、丸ビル・新丸ビル・日本郵船ビル・東京海上ビルなど、戦前・戦後のこの地区を象徴する近代的なビルが建ち並んでいた。現在は「KITTE」に変わった東京中央郵便局ビルも健在だった。北西側には銀行が並び、このあたりが銀行街だったこともわかる。一方、八重洲側の駅前には百貨店の大丸こそ見えるものの、現在のような整備は進んでいなかった。

見所スポット

初代鉄道博物館（大正期）
大正10（1921）年、東京駅の神田寄り高架下に開設された鉄道博物館。関東大震災で焼失した後に再オープンし、その後、万世橋に移転した。

KITTE
日本郵便が手掛ける商業施設。昭和戦前期のモダン建築、東京中央郵便局の旧ビルの一部を残して、テナントが入る高層ビルに生まれ変わった。

三菱一号館美術館
「一丁倫敦」といわれたこのあたりの名物建築、旧三菱一号館をレプリカ再現した美術館。年間3～4回の企画展が開催されている

千代田区 | 港区 | 品川区 | 大田区 | 川崎市 | 横浜市 | 鎌倉市 | 藤沢市 | 茅ヶ崎市 | 平塚市 | 中郡 | 小田原市 | 足柄下郡 | 熱海市 | 逗子市 | 横須賀市

とうきょう

東京駅のホーム（昭和56年）
名古屋や関西を結ぶ日本の大動脈である東海道線。新幹線開業前は長距離列車がたくさん設定されていたため当時から常に賑わっていた。

撮影：荻原二郎

寝台特急と並ぶ153系（昭和56年）
左側に停車しているのは昭和33年に「東海型」として一世風靡した153系電車。伊豆急行や伊豆箱根鉄道伊豆線にも直通運転した。

撮影：長門 朗

有楽町寄りの風景（昭和38年）
東海道新幹線開業前の様子。旧型国電や80系電車の活躍が全盛期の頃であり、名古屋・関西・中国・九州方面に向かう長距離列車も多数運転されていた。

撮影：小川峯生

東京駅の横須賀線列車モハ32023ほか（昭和8年）
昭和5年に電化された横須賀線には長距離用の2扉セミクロスシートの32系電車が投入され、一般省電区間とは別格の扱いだった。

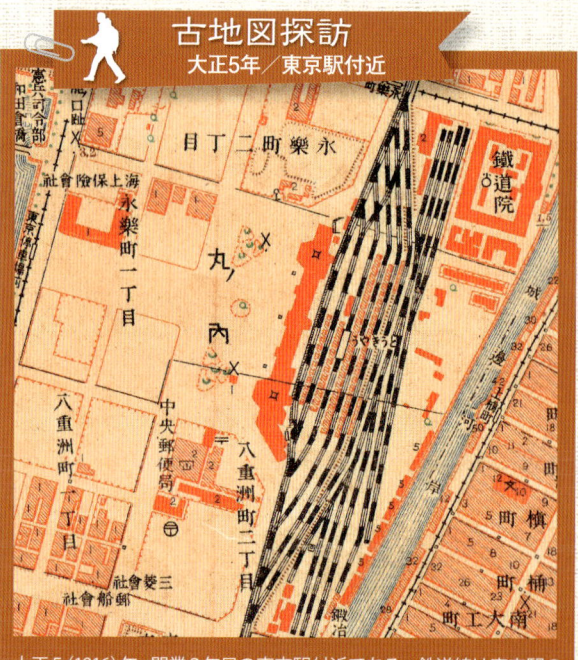

撮影：荻原二郎

古地図探訪
大正5年／東京駅付近

大正5（1916）年、開業3年目の東京駅付近である。鉄道線は東京駅の北、永楽町で途切れている。丸の内側は、「三菱が原」と呼ばれた頃の空き地が広がり、駅前のシンボル、丸ノ内ビルはまだ建っていない。江戸橋から移転してきた（東京）中央郵便局が現在の隣の位置にある。海上保険会社（海上ビル）は現在の場所にある。一方、八重洲側には外濠（城邊河岸）が残り、呉服橋、鍛冶橋の姿は見えるが、駅前の八重洲橋はなかった。北側には、鉄道院（後の国鉄・JR）が見える。

東京駅八重洲口（昭和30年頃）
外堀通りに都電が走っていた頃の東京駅八重洲口の駅前付近。昭和29（1954）年には大丸東京店がオープンした。

東京駅を出発する「東海」（昭和33年）
二枚窓で鼻筋の通った流線形の湘南スタイルが確立した80系。この車両は東海道のどの区間でも「絵」になる存在だった。

撮影：伊藤威信

京浜東北線の103系（昭和48年）
この時期72系・73系が駆逐された時期であり、山手線からそのままウグイス色の塗装で103系が京浜東北線に転入した。

特急「はと」の展望車（昭和35年）
「はと」「つばめ」に使用された展望車。特急「はと」は昭和25年に登場し、東京～大阪間を9時間で結んだ。

撮影：小川峯生

6番線の路線案内（現在）
東京駅の京浜東北線下り（蒲田・関内方面）は、山手線外回り（5番線）の隣の6番線ホームから発着している。

10番線の路線案内（現在）
平成27（2015）年3月の上野東京ラインの開通で、駅構内上の路線案内も新しくなった。

新幹線ホーム（現在）
東海道線の列車が発着する10番線の隣は、東北・上越・北陸新幹線の列車などが発着する20番線ホームになっている。

9

ゆうらくちょう
有楽町

明治43年開業、ヒット曲で有名に
帝国劇場、国際フォーラム最寄り駅

開業年	明治43(1910)年6月25日
所在地	千代田区有楽町2-9-17
キロ程	0.8km（東京起点）
駅構造	高架駅
ホーム	2面4線
乗車人員	167,365人

有楽町駅付近（明治後期）
右手にビアホールがある有楽町駅付近。奥には高架線上を行く単行運転の京浜線電車、手前左の交差点上には市電の姿がある。

有楽町駅（明治後期）
赤レンガ造りの高架駅として誕生した頃の有楽町駅。パンタグラフでなくダブルポールで集電していた1両の電車が走っている。

有楽町駅から丸の内方面を望む（昭和5年頃）
オフィス街となった有楽町周辺には、日本を代表する新聞社の本社が集まっていた。左に東京日日新聞、右に報知新聞のビルが見える。

有楽町駅のガード（昭和30年頃）
映画館、ローラースケート場、病院の看板が乱雑に掲げられている有楽町のガード付近。奥が銀座側で、日本劇場の建物が垣間見える。

　偉大なる東京駅の隣駅という存在が、この有楽町駅である。しかし、日本一の繁華街である銀座への入り口、ホテルや劇場、オフィスビルが建ち並ぶ日比谷方面の最寄り駅として、多彩な人々が利用する駅でもある。フランク永井が歌う「有楽町で逢いましょう」が大ヒットしたのは昭和32(1957)年で、この曲はそごう東京店のCMソングともなった。

　東海道線の普通列車、京浜東北線の快速電車も停車しない有楽町駅だが、歴史は東京駅よりも古く、明治43(1910)年6月、東海道線の駅として開業している。当時から京浜線（現・京浜東北線）のみが停車する駅で、長距離列車の始発駅は従来の新橋のままだった。

　「有楽町」の地名・駅名の由来は、織田信長の弟、織田長益（有楽斎）の屋敷があったからとされる。この区間の東海道線は、銀座・日比谷（丸ノ内）の繁華街を抜けるように計画され、当初から高架線が使用された。駅のホームは島式2面4線であるが、銀座側に列車線と新幹線の線路が設置されている

　現在の駅付近には東京メトロの有楽町駅があるほか、地下鉄日比谷駅と銀座駅も乗換え可能な距離にある。また、東京駅の南側に設けられた京葉線の東京駅地下ホームも至近距離に位置している。

0系新幹線と並ぶ寝台特急「さくら」(昭和60年)
開業時から活躍した新幹線0系とブルートレイン「さくら」が終着間際に併走する姿は正に昭和の風景である。

撮影:長門 朗

山手線の101系(右)と103系(昭和40年頃)
山手線は環状運転しているものの、正式な区間は品川〜新宿〜田端であり、東京〜品川は東海道線、東京〜田端間は東北線の路線となる。

京浜線の電車(大正期)
有楽町付近の高架線を行く京浜電車。右手に広がるのが銀座の街並みで、当時の名物だった江木写真店の高塔が見える。

有楽町駅国際フォーラム口(現在)
そごう東京店の閉店(平成12年)後、「読売会館」に入居したビックカメラ有楽町店。その奥は、都庁跡地にできた東京国際フォーラム。

古地図探訪
昭和30年/有楽町駅付近

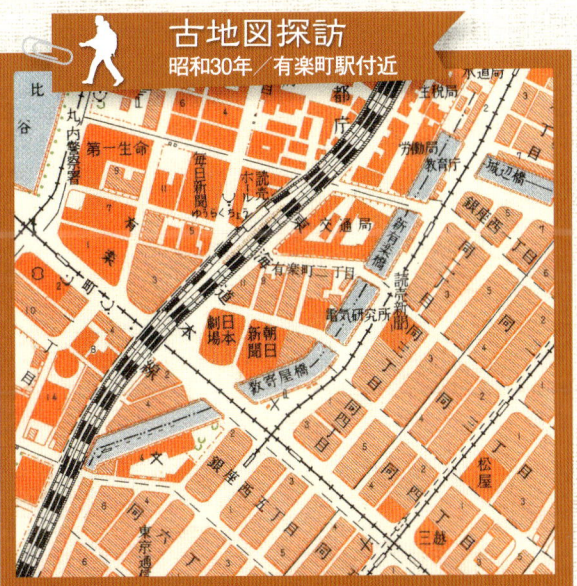

銀座側には映画で有名になったデート・スポットの数寄屋橋。そして朝日新聞社や日本劇場があった頃の有楽町駅である。一方、日比谷(皇居)側にも読売ホールや毎日新聞が存在し、銀座・有楽町周辺が新聞街だった時代の名残りが見られる。北には京橋川が流れ、城辺橋や紺屋橋が掛かっていた。付近の風景を大きく変化させた首都高速道路の姿はまだない。また、この駅周辺に大きな土地を占めていたのは、東京都庁関係の諸施設である。これらは昭和60年代から平成にかけて、西新宿への移転が行われ、跡地には東京国際フォーラムなどが誕生している。

見所スポット

帝国劇場
明治44(1911)年に開場した日本を代表する劇場。初期には歌舞伎、オペラなど、昭和41(1966)年の改築後はミュージカルなどが上演されている。

東京宝塚劇場
兵庫県宝塚市の宝塚大劇場とともに「宝塚歌劇」が常時上演されている劇場。昭和9(1934)年に開場し、平成13(2001)年に現在の建物になった。

泰明小学校
明治11(1878)年に開校した現・中央区立の小学校。現在の校舎は関東大震災後に建設された「復興小学校」のひとつである。

しんばし

新橋

「汽笛一声、新橋を」鉄道発祥の地
現在の駅は二代目、初代は汐留駅に

開業年	大正3(1914)年12月20日
所在地	港区新橋2−17
キロ程	1.9km（東京起点）
駅構造	高架駅・地下駅
ホーム	高架3面6線・地下1面2線
乗車人員	254,945人

新橋駅汐留口（現在）
汐留シオサイト方面に開けている新橋駅の汐留口。旧新橋停車場（鉄道歴史展示室）があり、ゆりかもめ新橋駅と連絡している。

新橋駅（大正期）
東海道の電車線上に設けられた烏森駅は大正3（1914）年に二代目新橋駅となった。関東大震災では内部が焼失する被害を受けた。

新橋駅（昭和43年）
地下ホームが誕生するまで使用されていた二代目新橋駅の駅舎。建設当初とは屋根の形が異なっていることに注目。

新橋付近の高架線（昭和戦前期）
新橋〜有楽町間の高架線を走る京浜線、山手線の電車。右側には、埋められる前の外堀と銀座の街並みが広がっている。

　「汽笛一声、新橋を」で始まる新橋駅は明治5（1872）年10月、日本初の鉄道路線として新橋〜横浜（現・桜木町）間が開通したときの始発駅である。もっとも4カ月前の6月に品川〜横浜間が仮開業しており、品川〜横浜間の他の駅を日本最初の鉄道駅とする見方もある。

　しかし、どちらにしても新橋駅が日本鉄道発祥の地であることは疑いなく、旧新橋（後に汐留）駅の跡地は国の史跡に指定され、現在はJR東日本が「鉄道歴史展示室」を開設している。また、日比谷口の駅前広場には、蒸気機関車（C11 292）が静態保存されている。

　新橋駅の歴史は明治5年に始まるが、明治42（1909）年に現在の場所（東海道線上）に烏森駅が誕生している。大正3（1914）年に東京駅が誕生すると、この烏森駅が二代目新橋駅となり、初代駅は汐留駅と改称された。以来、汐留駅は貨物駅となったが、昭和61（1986）年に廃止された。

　現在の新橋駅は高架部に東海道線・山手線・京浜東北線の島式3面6線、地下に横須賀線の島式1面2線のホームがある。また、東京メトロ・都営地下鉄の新橋駅が置かれ、お台場・豊洲方面に向かうゆりかもめ（東京臨海新交通臨海線）が発着している。

初代新橋駅（明治後期）
東京駅が完成する前までは、帝都の玄関口だった初代新橋駅。貨物駅の汐留駅となった後、現在はテレビ局、ホテルなどに変わった。

銀座通りから新橋駅遠望（大正初期）
銀座の中央通りから右奥に初代新橋駅を望む。汐留川の奥には浜離宮、その左には逓信省がある。

横須賀線の地下ホーム（現在）
東京～品川間の地下別線が開業したのは東海道線との分離運転前の昭和51年10月であり、当時は総武快速線の延伸が実態であった。

古地図探訪
昭和30年／新橋駅付近

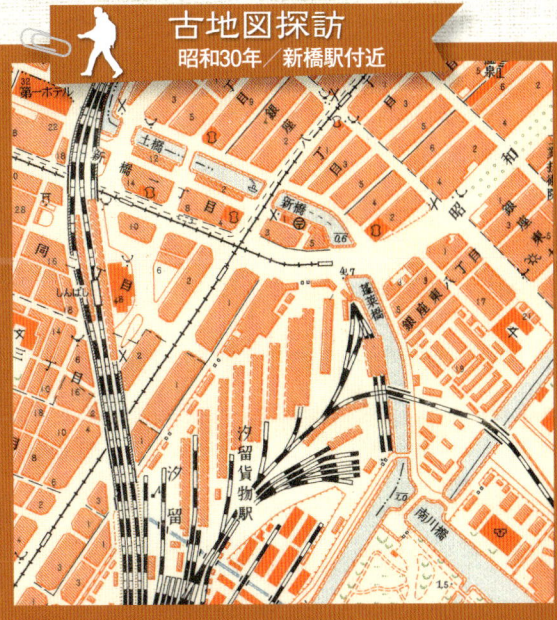

この時期には、新橋（旧・烏森）駅と汐留（初代新橋）駅が並立していた。新幹線や「ゆりかもめ」はなく、首都高速道路もまだ開通していない。銀座の中央通りには、かつての都民の足である都電が走っていた。一方、江戸時代から存在していた水路も健在である。いまは交差点名や地名だけになった土橋や新橋が「橋」として存在し、汐留川が浜離宮方面まで流れていた。日比谷口側では、現在のニュー新橋ビルの先に見える鳥居マークは烏森神社である。また、駅の南西にあった「文」マークは、平成3（1991）年に廃校となり、港区立御成門小学校に変わった旧桜田小学校である。

見所スポット

旧新橋停車場鉄道歴史展示室
明治5（1872）年に開業した新橋停車場の駅舎外観を元の所在地に再現した展示室。駅舎遺構などの常設展示のほか、企画展を開催。入場無料。

浜離宮恩賜庭園
江戸時代、甲府藩主の徳川綱重が建てた別邸が六代将軍、徳川家宣の時代に将軍家のお浜御殿となり、鷹狩の場となった。現在は都立公園となり、一般公開されている。

烏森神社
平安時代の天慶3（940）年、平将門の乱の際に戦勝を祈願した藤原秀郷が、現在地の桜田村に建てたと伝わる。「だし鉄（山本正太郎）」作の巨大神輿で知られる。

新橋駅（昭和30年代）
煌々と照らされたホームには電車を待つ多くの人々。銀座のネオンサインもまぶしかった。一方で、瓦屋根の続く街は暗く静かな雰囲気を漂わせていた。

20系客車（昭和40年）
走るホテルと呼ばれた新発想の客車は昭和33年に登場。写真の「はやぶさ」は九州に向かい最初の通過駅、新橋を走り抜ける。

新橋駅日比谷口（昭和43年）
サラリーマンの聖地といわれる新橋駅の日比谷口駅前。飲食店も多く、仕事帰りに立ち寄り、ほろ酔い気分になる人も。

撮影：山田虎雄

新橋駅の蒸気機関車（現在）
日比谷口にはC11形蒸気機関車が静態保存され「SL広場」と呼ばれている。右は汐留口に保存されているC58形蒸気機関車の動輪

古地図探訪
明治42年／新橋駅付近

明治42(1909)年、電車線上に烏森駅（現・新橋駅）が誕生した頃の地図である。一方、その東側の汐留町一丁目方面には、初代新橋駅（後の汐留駅）が存在していた。当時の駅前を流れていた汐留川には、土橋、新橋、蓬莱橋などが架かり、浜離宮方面へ流れていた。その先には、逓信省（後の郵政省、総務省）の広い庁舎が存在した。一方、東海道線の西側には、烏森町、愛宕下町、（芝）源助町、露月町など古い地名が残っていた。

汐留駅（昭和5年頃）
新たに開通した昭和通りの向こうに、貨物駅に変わった汐留駅が見える。駅の廃止後に再開発されて、現在は高層ビルが並ぶ街になった。

所蔵：港区立港郷土資料館

汐留駅（昭和55年）
貨物駅に変わった汐留駅。コンテナ専用貨物列車「たから号」の起点駅にもなっていたが、駅敷地の狭さから、昭和61（1986）年に廃止された。

汐留駅（昭和30年頃）
昭和9（1934）年、鉄筋コンクリート2階建ての駅舎が誕生した汐留駅。さらに増築されて駅名の看板が掲げられている。

はままつちょう
浜松町

東京モノレールで、羽田国際空港に
地下鉄浅草、大江戸線の大門駅連絡

開業年	明治42(1909)年12月16日
所在地	港区海岸1-3-1
キロ程	3.1km(東京起点)
駅構造	地上駅(橋上駅)
ホーム	2面4線
乗車人員	155,784人

浜松町駅(昭和13年) 所蔵：港区立港郷土資料館
戦前の浜松町駅は、島式ホーム1面2線を有する地上駅だった。昭和31(1956)年、2面4線に増設する前の駅舎、ホームの姿である。

151系特急「はと」(昭和39年) 撮影：伊藤威信
写真の時代は東海道新幹線開業前の風景であり、新幹線開業後は新大阪から博多へ向かう特急として役割が変わった。

京浜東北線の103系(昭和43年) 撮影：山田虎雄
山手線に続いて二番目の投入線区となった京浜東北線。昭和40年11月から営業運転を開始し、平成10年までの長きに渡り活躍した。

浜松町駅に停車中の山手線72系920番代全金車(昭和40年) 撮影：山田虎雄
山手線には昭和36年から101系、同38年から103系が投入されて新性能化が進んだ。旧型車72系は昭和40年代初めまで残存していた。

　この浜松町駅は明治42(1909)年12月、東海道線の品川～烏森(現・新橋)間の開通時に開業している。当初は山手線、続いて京浜線(現・京浜東北線)の電車のみが停車する駅として使用されてきた。

　浜松町駅の役割が大きく変化したのは、東京オリンピック開催に向けて、昭和39(1964)年9月、モノレールが開業したことによる。羽田空港を利用して首都・東京にやってくる大勢の人々の窓口となったのが浜松町駅であり、10月には都営地下鉄1号線(現・浅草線)の大門駅も開業し、乗り換え(連絡)の利便性はさらに増した。現在は、都営地下鉄大江戸線にも大門駅が設置されている。

　江戸時代には芝(浜)の一部で、遠州(静岡)浜松出身の権兵衛が名主を務めたことから「浜松町」といわれるようになった。明治11(1878)年、東京府に15区のひとつ、芝区が誕生した際に「芝浜松町」「芝新網町」「芝湊町」などが誕生し、現在の浜松町1～4丁目になった。現在のJR駅の所在地は港区海岸1丁目である。

　また、少し距離が離れているが、旧芝離宮恩賜庭園を挟んだ海岸側には、ゆりかもめ(東京臨海新交通臨海線)の竹芝駅がある。ここには竹芝客船ターミナルがあり、伊豆諸島や、小笠原の父島を結ぶ東海汽船・小笠原海運の客船や東京湾クルーズの観光船が発着している。

横須賀線の70系（昭和38年）
横須賀線に70系が登場したのは昭和26年だが、オール70系の編成の他に戦前型車両との併結も見られた。
撮影：荻原二郎

浜松町駅ホーム（現在）
浜松町駅の1・2番線ホーム（新橋方面）と東京モノレール浜松町駅。世界貿易センタービルに隣接したモノレールビルに入っている。

跨座式の東京モノレール（昭和39年）
浜松町と羽田空港を結ぶ目的で東京オリンピックの直前に開業し、モノレールが本格的交通機関となった。
撮影：荻原二郎

古地図探訪
昭和30年／浜松町駅付近

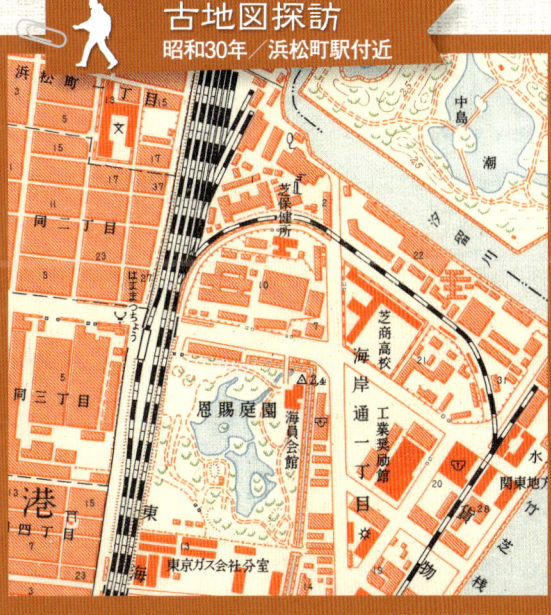

東海道新幹線、東京モノレールの線路、首都高速都心環状線、1号羽田線の道路はないが、この付近の地形はほとんど変わっていない。竹芝方面に貨物線の通っていた上には現在、「ゆりかもめ」が走っている。また、首都高速1号羽田線とともに、海岸通りも整備されている。海側で大きな面積を占めているのは、江戸時代の「お浜御殿」の名残りである浜離宮恩賜庭園、旧芝離宮恩賜庭園である。一方、第一京浜の上を走っていた都電に代わり、現在は都営地下鉄浅草線が通り、大門駅が設置されている。また、増上寺方面には都営地下鉄大江戸線も通っている。

見所スポット

浜松町駅北口（現在）
都営地下鉄大門駅と連絡している浜松町駅北口。奥の方向に進めば、東京湾に面した竹芝桟橋、ゆりかもめ竹芝駅に至る。

増上寺
徳川家の菩提寺であり、歴代将軍6人の墓所でもある。その広大な敷地が芝公園、東京タワーになっている。重要文化財の三解脱門がある。

旧芝離宮恩賜庭園
江戸時代に老中を務めた大久保忠朝の屋敷内にあった大名庭園、楽寿園を起源とする回遊式庭園。大正13（1924）年に東京都に下賜されて、公開されている。

たまち

田町

開業年	明治42(1909)年12月16日
所在地	港区芝5-33-36
キロ程	4.6km(東京起点)
駅構造	地上駅(橋上駅)
ホーム	2面4線
乗車人員	44,433人

明治42年開業、品川間に新駅計画も
かつて田町電車区、東京機関区が存在

田町駅付近(昭和5年頃)
東海道線、山手線などが走る田町駅付近に広がる田町電車区、東京機関区。左側奥に繋留されている多くの列車が見える。
提供：日本地理風俗体系

田町駅(昭和45年)
現在のような橋上駅舎に変わる前、地上駅舎だった頃の田町駅三田口。左作は古い建築のままの跨線橋がのぞいている。
撮影：山田虎雄

田町駅西口(三田口、現在)
田町駅は昭和45(1970)年から、橋上駅舎の工事が始まり、東西自由通路が開設され、平成15(2003)年には拡幅工事も完成した。

田町駅東口(芝浦口、現在)
この芝浦口は大正15(1926)年に開設されている。駅前のバスターミナルは平成16(2004)年に整備された。

田町駅は浜松町駅と同様に、明治42(1909)年12月、東海道線の品川〜烏森(現・新橋)間の開通時に開業している。長い間、品川〜東京間の東海道線上には新駅が誕生していなかったが、JR東日本では、田町駅から約1.3km離れた港区港南付近に山手線・京浜東北線の新駅を開設することを発表している。駅名などは未定だが、平成32(2020)年の東京オリンピック開催にあわせた暫定開業が予定されている。

「田町」という駅名は、西口一帯の地名に由来する。この田町は「芝田町」と呼ばれることもあり、江戸時代に田畑から町屋に変わったことで生まれた地名といわれる。

現在は「芝」「三田」に変わり、駅名だけが残っている。昭和43(1968)年、都営地下鉄1号線(現・浅草線)が開業した際に置かれたのは三田駅で、その後に6号線(現・三田線)の駅も誕生し、田町駅と連絡している。

この駅から品川駅にかけての線路沿いには、かつては田町電車区・東京機関区などが広がっていた。田町電車区は昭和5(1930)年に誕生し、準急「東海」や特急「こだま」などが配置された名門の電車区だった。平成16(2004)年に田町車両センターとなり、平成25(2013)年に車両配置がなくなり、東京総合車両センター田町車両センターに改組されている。

芝浦運河（昭和5年頃）

芝浦付近は大正期に埋め立て工事が始まり、大正8（1919）年に芝浦海面埋立地が完成。昭和7（1932）年には芝浦桟橋が誕生した。

提供：日本地理風俗体系

登場時の80系（昭和25年）

昭和24年に登場した80系。車体はデッキ付き2ドア、車内はクロスシートで客車に近い居住性を確保した。当初の営業運転は東京～沼津間までと伊東線だった。

E233と東海道新幹線（現在）

田町駅のホームに停車している京浜東北線の列車と、その前を通過する東海道新幹線のN700系。この付近ならではの風景である。

古地図探訪
昭和30年／田町駅付近

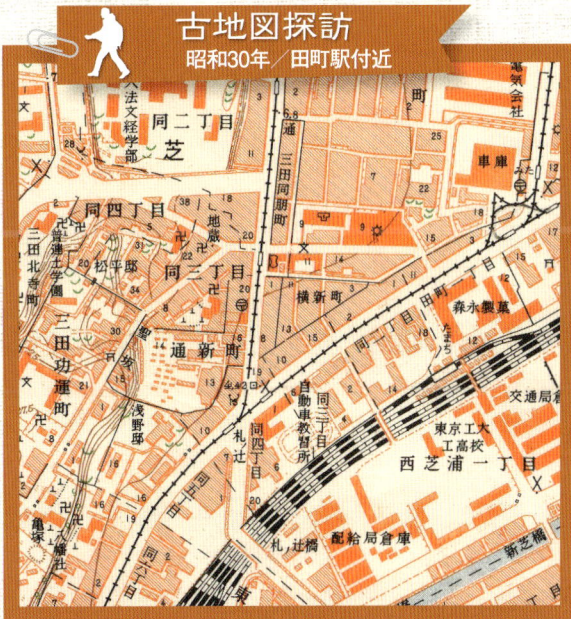

開業当時は「芝浜」と呼ばれた江戸から続く海岸線を走っていたこのあたりの東海道線も、埋め立てが進んで既に海岸線からは離れた場所を走っている。駅南西の札の辻付近では、都道409号日比谷芝浦線が東海道線・山手線などの上を通っている。駅の西北に目を移せば、慶應義塾大学の三田キャンパスがある。また、その東側（駅の北側）には日本電気（NEC）の本社ビルが見える。駅付近を通っていた都電は現在、都営地下鉄浅草線・三田線に変わっている。駅南側の東京工大工高校は、現在の東京工業大学附属科学技術高校である。

見所スポット

現在の山手線と京浜東北線（現在）

右は京浜東北線のE233系で全車両統一されている。左は山手線のE231系であるが後継のE235系の導入が決定している。

慶応義塾大学三田キャンパス

福澤諭吉が開いた蘭学塾を起源に近代私学となり、明治4（1871）年、三田の現在地に移転した。キャンパス内には一般公開展示を行うアートセンターも。

泉岳寺

「鉄道唱歌」にも登場する曹洞宗の寺院で、元禄赤穂事件で知られる浅野長矩、赤穂浪士の墓がある。毎年4月と12月に義士祭が開催されている。

しながわ

品川

新橋駅開業に先立ち、仮開業時に誕生
明治期に日本鉄道、現在は新幹線連絡

開業年	明治5(1872)年6月12日
所在地	港区高輪3-26-27
キロ程	6.8km(東京起点)
駅構造	地上駅(橋上駅)
ホーム	在来線8面13線、新幹線2面4線
乗車人員	335,661人

品川駅（昭和5年頃）
高輪方面から俯瞰した品川駅。第一京浜(現・国道15号)に面した広場には米国製の当時最新型タクシーが並ぶ。奥には、東京湾に浮かぶ台場の姿もある。
提供：日本地理風俗体系

品川駅（現在）
高層ビルに囲まれた風景になった品川駅の高輪口付近(西側)。手前には、ウイング高輪ウエスト、品川プリンスホテルイーストタワーなどが建つ。

品川付近を走る列車（明治末期）
東京湾の海岸線に沿った線路を走っていた頃の東海道線、旅客列車。左手には駅舎ともう1編成の列車の姿もある。
所蔵：港区立港郷土資料館

品川駅の列車（明治中期）
海岸線を走る東海道線の列車。小さな蒸気機関車が数両の客車を牽引している。左手には品川駅の跨線橋とホーム・駅舎がのぞく。

　品川駅は現在、東海道線・京浜東北線・山手線・横須賀線(総武快速線)・東海道新幹線のほか、京浜急行線が乗り入れる巨大な駅となった。その歴史は日本一古く、明治5(1872)年6月に日本最初の鉄道である品川〜横浜間が仮開業した際に開業している。同年10月には、新橋〜横浜間の鉄道が正式開業し、以後、大きな発展を遂げた。

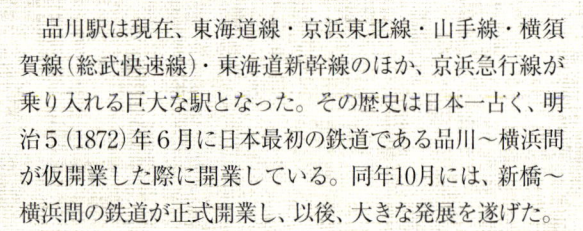

　江戸時代、この品川には東海道の最初の宿場が置かれ、江戸と京(都)・大坂間を行きかう人々で大いに賑わった。この宿場町は京浜急行線の北品川・青物横丁駅付近に広がっており、現在も目黒川を境に北品川と南品川に分けられている。「品川」の地名のルーツは諸説あるが、この目黒川の下流が品川と呼ばれていたことによるとされる。

　当初は東海道線だけの駅だった品川だが、明治18(1885)年には日本鉄道の品川線(現・山手線)が開通し、接続駅となった。平成15(2003)年には東海道新幹線の品川駅が誕生している。また、京浜急行では、現在の北品川駅が「品川駅」として始発駅の役割を果たしていたが、昭和8(1933)年に現在の品川駅まで延伸し、国鉄のホームと隣接する接続駅となった。

　品川駅は開業以来、駅舎の位置が何度も変わっている。現在の品川駅は港区高輪3丁目・港南2丁目にかけて大きく広がっている。

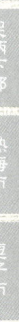

京浜電鉄高輪停留場（昭和5年頃）
大正13（1924）年に開業した京浜電鉄（現・京浜急行）の高輪停留場（駅）。昭和8（1933）年、品川駅の開設で廃止となった。

所蔵：日本地理風俗体系

京浜電鉄の停留場（明治43年）
明治37（1904）年に開業した京浜電鉄の品川（現・北品川）駅はその位置から、八ツ山橋停留場と呼ばれていた。

所蔵：港区立港郷土資料館

品川駅高輪口（昭和30年代）
戦災で焼失後に建てられた仮駅舎から、本駅舎に建て替わった品川駅。京浜急行電鉄品川駅の看板も新しくなっている。

品川駅の京浜東北線クロハ16形800番代（昭和30年）
戦後の進駐軍専用白帯車の後身で、昭和27年に青帯の2等車に改めたもの。同様の青帯車は中央線にもあり、共に昭和32年に廃止された。

撮影：小川峯生

古地図探訪
昭和30年／品川駅付近

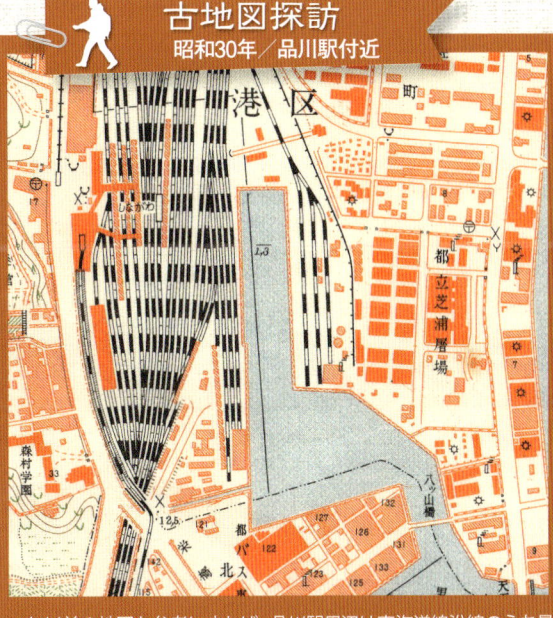

これ以前の地図も参考にすれば、品川駅周辺は東海道線沿線のうち最も大きく変化した場所であることがわかる。駅の西側にある品川プリンスホテル、グランドプリンスホテル高輪は以後も発展を続けて、現在はザ・プリンスさくらタワー東京、品川プリンスホテルイーストタワー、エプソン品川アクアスタジアムなどが誕生している。また、南側の森村学園は横浜市緑区長津田に移転した。東側の土地は埋め立てと整備がなされて、品川インターシティ、品川グランドコモンズなどに変わった。また、東海道新幹線の駅ホームが誕生し、品川は巨大なターミナル駅に進化している。

見所スポット

原美術館
現代美術を主体として展示する美術館で、昭和54（1979）年に開館した。展示室の建物は昭和13（1938）年、建築家の渡辺仁が設計した。

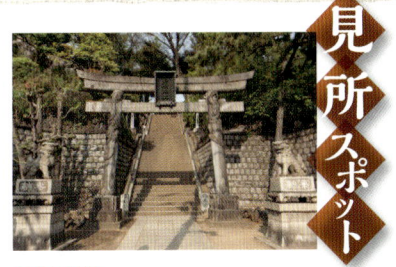

品川神社
都内最大の富士塚「品川富士」や板垣退助の墓がある。毎年6月に行われ、神輿が繰り出す例大祭は「北の天王祭」として有名である。

品川駅港南口（東口）（昭和56年）
当時は人通りが少なかった頃の品川駅港南口。駅の周辺で大規模な開発工事が始まったのは平成になってから。

所蔵：港区立港郷土資料館

品川駅港南口（現在）
新幹線も停車する巨大駅となった品川駅の港南口。品川インターシティ、品川グランドコモンズなどが林立し、三菱重工業本社などがある。

八ツ山橋（昭和戦前期）
品川駅のすぐ南にある八ツ山橋の下を東海道線の列車が通過していく。現在はさらに南に新八ツ山橋も架けられている。

特急「ひたち」「ときわ」のE657系（現在）
上野東京ラインの開業で常磐線の特急の大多数が品川始発となった。新幹線や京急などとの乗り換えが便利になり、水戸やいわきと直結された。

常磐線の通勤電車（現在）
右は交直流のE531系で土浦や水戸方面へ向かう。左はE231系で直流区間の取手までと一部は成田線（我孫子線）に乗り入れる。

提供：日本地理風俗体系

八ツ山橋付近の空撮（昭和5年頃）
第一京浜、八ツ山橋付近の空撮写真である。北側には品川駅と品川運転所（旧・田町電車区、東京機関区）の広大な敷地が見える。

品川駅構内の新幹線基地（昭和56年）
品川駅の東側（港南口）が大規模再開発されるまで東海道新幹線の品川車両基地が置かれていたが、平成4（1992）年に大井車両基地へ移転、統合された。

所蔵：港区立港郷土資料館

品川駅北側の空撮（現在）
品川駅の北側、田町センター付近の空撮写真。品川駅方面に向かう本線、大井基地に向かう回送線を走る東海道新幹線の姿がある。

開業当時の新橋駅（明治前期）

開業当時の東海道線

　明治5（1872）年、開業当時の東海道線は新橋〜横浜（現・桜木町）間であり、途中駅も品川・川崎・鶴見・神奈川の4駅だけだった。開業当時の列車は1日9往復、新橋〜横浜間を53分で結んでいた。当時の料金は、上等が1円12銭5厘、中等が75銭、下等が37銭5厘だった。

　明治初期の鉄道は「陸蒸気」と呼ばれ、煙を吐きながら走る姿を見て、人々は大いに驚いたといわれている。その姿は浮世絵（版画）、銅版画、石版画などに描かれるとともに、写真でも撮影されて現在に残されている。

おおいまち

大井町

明治34年、大井聯絡所からスタート
東急大井町線、りんかい線に接続する

開業年	大正3(1914)年12月20日
所在地	品川区大井1-2-1
キロ程	9.2km(東京起点)
駅構造	地上駅(橋上駅)
ホーム	1面2線
乗車人員	100,403人

提供：日本地理風俗体系

大井町駅前（昭和5年頃）
目黒蒲田電鉄（現・東急）大井町線との乗換駅として、戦前からにぎわった大井町駅。乗合自動車（バス）の大きな看板もある。

撮影：荻原二郎

大井町駅（昭和45年）
高さの違う屋根の駅舎が並び建っていた大井町駅の東口。手前（左）の建物に「大井町駅南口」の看板が掲げられている。

撮影：伊藤威信

横須賀線の113系（昭和47年）
東海道線との分離運転の前は大井町でも「スカ色」の113系の姿が見られた。東京～横浜間の停車駅は東海道線と同じである。

撮影：荻原二郎

大井町駅脇を行く横須賀線上り電車（昭和39年）
最後部は昭和25年に京阪神間国電から大量に転属してきた43形電車の1両で、クロスシートのまま3扉化され、後に中部地区へ転出した。

　この大井町駅の起源は、東海道線に置かれた大井聯絡所にさかのぼる。明治34(1901)年に開設され、ここから大崎駅に至る山手線支線（後に廃止）が開通した。大正3(1914)年12月、京浜線の電車運転に伴って駅に昇格し、大井町駅が誕生している。このときに誕生した東京駅とは同じ日に開業した「兄弟駅」ともいえる。

　昭和2(1927)年に目黒蒲田電鉄（現・東急）大井町線の大井町～大岡山間が開通し、連絡駅となった。平成14(2002)年には東京臨海高速鉄道りんかい線の大井町駅も地下に開業している。

　「大井町」の地名、駅名は昭和7(1932)年、品川区が誕生するまで存在した東京府荏原郡大井町に由来する。江戸時代からあった大井村が明治41(1908)年、大井町になったが、その頃の町名が駅名に採用されたのである。現在は駅所在地の大井1丁目などに「大井」の地名が使用されている。元の地名は「井戸」に起源があるとされるが詳細は不明である。

　この駅の北西には、JR東日本の東京総合車両センターが広がっている。ここはかつての山手電車区と大井工場で、山手線の電車が配置されている。JR東海の大井車両基地は、かなり距離のある海側（東側）の品川区八潮にあり、品川駅と回送線で結ばれている。

京浜東北・根岸線のE233系（現在）
JR東日本で大所帯となったこの形式は、中央快速線・常磐緩行線・京葉線・埼京線・横浜線・南武線などでも活躍している。

荷物電車が先頭の113系（昭和39年）
荷物電車のクモユニ74は昭和37年に、モハ72形から改造されて加わった仲間である。111系、113系、153系の大阪寄りに連結された。

撮影：荻原二郎

大井町駅東口と西口（現在）
地下をりんかい線（東京臨海高速鉄道）が走る都道420号鮫洲大山線に向けて開かれている大井町駅の東口と西口。品川寄りの線路を挟んだ両側にある。

古地図探訪
昭和30年／大井町駅付近

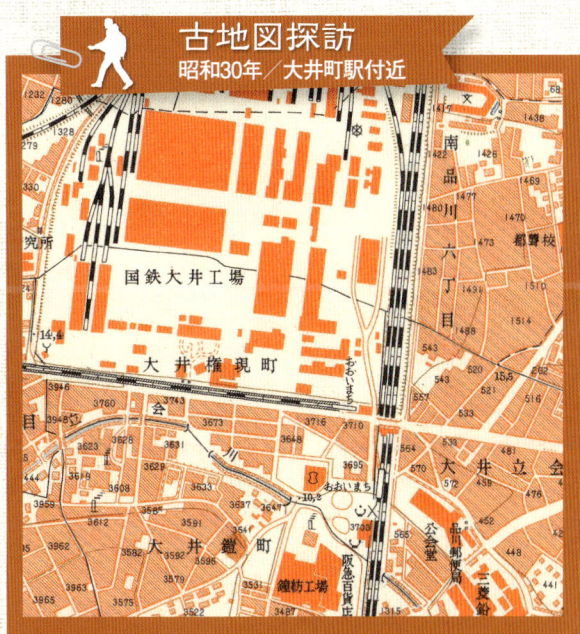

東海道線が都道420号鮫洲大山線と交差する南側に置かれているのが、この大井町駅である。駅西側には、この道路に沿って東急大井町線が通り、その高架下には商店街が続いている。その北側に広がるのは国鉄大井工場（現・JR東日本東京総合車両センター）だが、その一部がJR東日本広町住宅に変わり、四季劇場夏や品川市役所も誕生している。一方、駅南側の阪急ホテルは阪急大井町ガーデン、アワーズイン阪急に、また、品川公会堂、品川郵便局はきゅりあん区立総合区民会館に変わっている。その南東には現在も三菱鉛筆本社がある。

大井町駅ビル（現在）
大井町駅の駅ビル「アトレ」1階には、中央口（アトレ口）が設けられている。駅前には、品川区立総合区民会館「きゅりあん」が建つ。

南品川付近の第一京浜（昭和12年頃）
歩道、車道が整備された南品川付近の第一京浜（現・国道15号）。左手には、歩道ではなく車道を走るランナーたちがいる。

提供：日本地理風俗体系

見所スポット

戸越公園
江戸時代、細川家の下屋敷のあった場所で、回遊式庭園で知られる。昭和10 (1935) 年、東京市立の公園として開館し、現在は品川区立公園となっている。

25

おおもり

大森

鉄道開業から4年後、明治9年に誕生
江戸時代から海苔、明治に貝塚発見も

開業年	明治9(1876)年6月12日
所在地	大田区大森北1-6-16
キロ程	11.4km(東京起点)
駅構造	地上駅(橋上駅)
ホーム	1面2線
乗車人員	92,962人

大森駅西口(昭和36年)
改築される前の大森駅西口(山王口)の駅舎。この前の坂は「八景坂」と呼ばれ、高台の上には天祖神社が鎮座している。

大森駅東口(昭和40年頃)
客待ちするタクシーが並ぶ大森駅の東口駅前。駅員のいる出札口とともに、普及しつつあった自動券売機が見える。

大森駅西口(現在)
池上通りに向かって開かれている大森駅西口は、付近に山王日枝神社があることから「山王口」とも呼ばれている。

大森駅東口(現在)
大森駅東口の駅ビル「アトレ大森」前には、大きな駅ロータリーがあり、京浜急行バスの路線バスが多数発着している。

　大森駅は新橋〜横浜間の鉄道開業から4年後の明治9(1876)年6月に開業している。当時、隣りの大井町駅と蒲田駅は存在せず、品川〜川崎間で唯一の駅だった。20世紀最初の年、明治34(1901)年2月には京浜電気鉄道(現・京浜急行)の大森支線として大森停車場前〜八幡(現・大森海岸)間が開通し、連絡駅となっている。この大森支線は昭和12(1937)年に廃止された。

　大森には、モース博士が発見した大森貝塚があり、古来より人が暮らしていた場所で、地名の由来も「大きな森」が存在したことによるとされる。明治時代から大森村(後に大森町)があったが、同時に現在の大森駅付近には入新井村(後に入新井町)が存在した。昭和7(1932)年、2つの町を含む荏原郡の一部が東京市35区のひとつ、大森区に変わった。戦後、この大森区と蒲田区が一緒になり、一文字ずつを冠して「大田区」が誕生している。

　明治33(1900)年に誕生した「鉄道唱歌」の東海道篇で「梅に名をえし大森をすぐれば早も川崎の…」と歌われ、当時は駅前の高台に梅の名所「八景園」があり、駅のない蒲田付近にも「梅屋敷」があった。また、大森付近は日本の海苔養殖発祥の地ともいわれ、「大森海苔」の産地として有名だったが、昭和37(1962)年の海岸埋め立てにより海苔の養殖は終わり、現在は海苔問屋が残っている。

大森駅西口付近（昭和戦前期）
池上通り沿いに商店街が形成されている大森駅の西口付近。ゆるやかな坂になっており、右側には駅の跨線橋がのぞく。

提供：日本地理風俗体系

大森駅付近（明治後期）
大森駅の南側から、駅のホーム、駅舎を望む。左手（西側）には天祖神社の森があり、この当時は景勝地・八景園も存在した。

大森駅の西口付近（昭和5年頃）
写真の左側が大森駅前、奥が蒲田方向。右手には天祖神社への階段が見える

提供：日本地理風俗体系

古地図探訪
昭和30年／大森駅付近

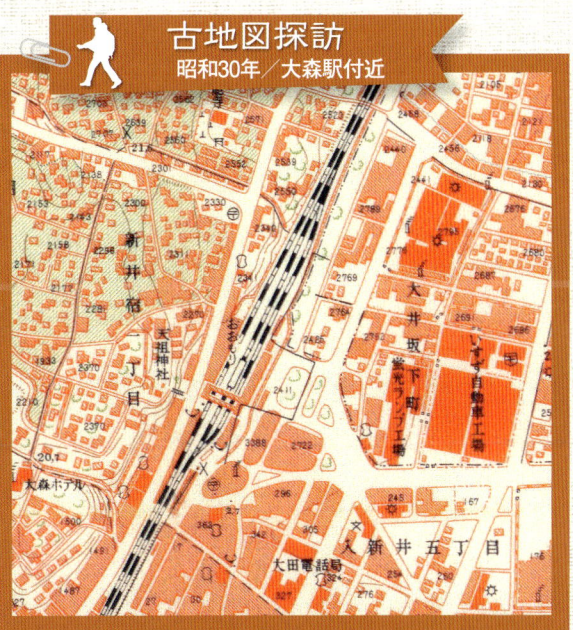

大森駅の西側は、この地図において緑色に塗られている。ここは高台となっており、江戸時代以来の東京湾を見渡せる景勝地だった。山王口前の池上通りの坂道は「八景坂」と呼ばれ、坂の上には天祖神社があり、明治時代には梅の名所として知られた「八景園」も広がっていた。また、南側には「大森ホテル」が見えるが、以前は「望翠楼ホテル」もあって「馬込文士村」の作家・文人たちが集う場所となっていた。一帯は現在、高級住宅地・マンションに変わっている。一方、駅の東側（海側）には「いすゞ自動車工場」があり、現在はいすゞ自動車や日立製作所の本社が置かれている。

大森駅ホーム（現在）
大森は明治期にモース博士が大森貝塚を発見した場所である。駅ホームには、昭和54（1979）年、「日本考古学発祥の地」の碑が立つ。

見所スポット

しながわ水族館
品川区民公園内にあり、平成3（1991）に開館した。ペンギンランド・サメ展示水槽・アザラシ館などの新施設をお目見えしてきた。

大井競馬場
ナイター競馬が人気のある地方競馬の競馬場。「東京ダービー」「帝王賞」などのレースが開催され、フリーマーケットも行われている。

27

かまた
蒲田

東急池上線、東急多摩川線に連絡
明治天皇も行幸した梅の名所が存在

所在地	大田区蒲田5-13-1
キロ程	14.4km（東京起点）
駅構造	地上駅（橋上駅）
ホーム	2面3線
乗車人員	139,728人
乗車人員	155,784人

蒲田駅東口（昭和35年）
バラック屋根の駅舎だった頃の蒲田駅東口。この後、昭和37（1962）年に駅ビル「パリオ」がオープンする。
提供：大田区役所

蒲田駅西口（現在）
蒲田駅西口には「GRANDUO蒲田西館」があり、「東急プラザ蒲田」を通じて東急池上線・多摩川線の蒲田駅と結ばれている。

蒲田駅東口（現在）
蒲田駅には東口に「パリオ」、西口に「サンカマタ」の駅ビルが存在していたが、平成20（2008）年に新駅ビル「GRANDUO蒲田」が開業。

　蒲田駅は鉄道開業から30年以上を経た明治37（1904）年4月の開業だが、既に110年以上の歴史をもっている。また、駅の東には京浜急行の京急蒲田駅がある。こちらは3年前の明治34（1901）年に蒲田駅として開業しており、大正14（1925）年に京浜蒲田駅、昭和62（1987）年に京急蒲田駅と改称されている。

　蒲田駅前には大田区役所があり、大森駅でも紹介したように、戦前にあった大森区と蒲田区が合併してできたのが現在の大田区である。従って、大田区には2つの中心が存在するともいえるが、JR駅としては大森駅が「先輩」であるものの、現在は蒲田駅の方が利用者が多い。

　大森駅が単独駅なのに対して、蒲田駅には東急池上線と多摩川線の蒲田駅がある。大正11（1922）年に池上電気鉄道（現・池上線）の蒲田〜池上間、大正12（1923）年に目黒蒲田電鉄目蒲線（現・多摩川線）の蒲田〜沼部間が開通した。その後、場所が移転するなどして、両駅とも東急（東京急行電鉄、現・東急電鉄）の蒲田駅となっている。

　蒲田の地名の由来については諸説があり、泥の深い田を示す「蒲田」、水を抜いた乾燥地の「蒲池」という説、アイヌ語の「カマタ」から来たという説などが存在する。

多摩川を渡る分離運転前の横須賀線113系（昭和55年）

蒲田を南下し多摩川を過ぎれば神奈川県川崎市となる。手前の海側には横須賀線のライバルの京浜急行の橋梁もある。

蒲田駅東口駅前通り（昭和30年代）

あやめ橋交差点方向に伸びる蒲田駅東口駅前通り。屋根のついた歩道は見えるものの、車道は舗装されておらず、工事が行われていた。

提供：大田区役所

蒲田付近のE233系（現在）

京浜東北・根岸線の車両は現在さいたま車両センター（旧・浦和電車区）の配置となっているが、過去には蒲田にも電車区が存在した。

古地図探訪
昭和30年／蒲田駅付近

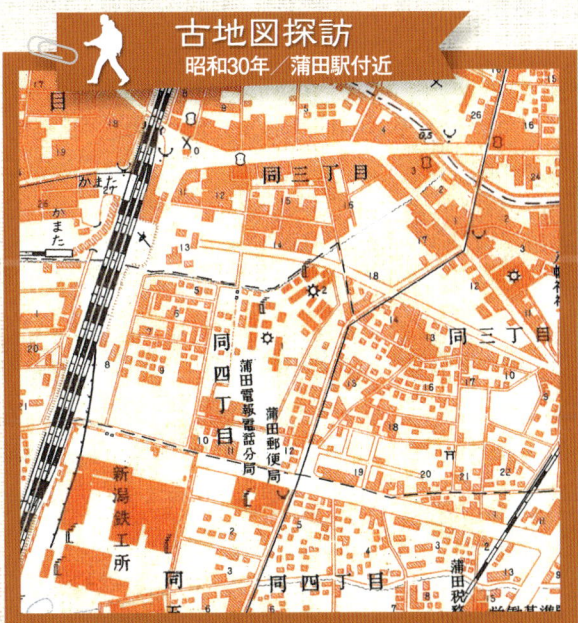

この時期はまだ、蒲田駅周辺の鉄道、道路の整備が進められている途中だった。東西の駅ビルである「パリオ」「サンカマタ」はまだ誕生しておらず、東急池上線・多摩川線も高架化される前であり、国鉄駅と東急駅の間には連絡通路が存在した。現在は、東西の駅ビルが合体した「GRANDUO蒲田」が生まれている。また、現在は駅南側でJR線をまたぐ環状八号線（環八通り）は開通しておらず、一部の区間のみだった。その環八通りの南に見える蒲田郵便局は現在も元のままで、駅の南には大田区役所が置かれている。

見所スポット

183系の特急「あまぎ」（昭和51年）

157系の老朽化にともなって採用された183系。「あまぎ」は昭和56年に列車名を「踊り子」へと改称し、同時にL特急に指定された。

聖蹟蒲田梅屋敷公園

江戸時代、山本久三郎が開いた茶屋に梅の木を植えたことで観梅の名所となり、明治天皇も度々訪れた。現在は区立の和風庭園になっている。

池上本門寺

日蓮宗の大本山で、弘安5（1282）年に日蓮が開堂した長栄山本門寺から発展した。プロレスラー、力道山の墓があることでも知られる。

かわさき
川崎

旧東海道に川崎宿、川崎大師平間寺も
日本最古の駅、大師線は京急のルーツ

開業年	明治5（1872）年7月10日
所在地	川崎市川崎区駅前本町26-1
キロ程	18.2km（東京起点）
駅構造	地上駅（橋上駅）
ホーム	3面6線
乗車人員	197,010人

提供：川崎市市民ミュージアム

川崎駅東口（現在）
川崎駅東口の改札口方面からは、バス停を分断するように歩道が伸びている。この先に京急線の高架があり、京急川崎駅に続いている。

川崎駅（昭和34年）
タクシー、路線バスがズラリと並んだ川崎駅東口の駅前。手前には高架化される前の京急本線、奥には煙突がそびえ、時代を物語る風景となっていた。

川崎駅東口（現在）
川崎駅の東口は駅ビル「アトレ川崎」と一体化している。駅前広場を挟んだ京急本線の高架側に路線バスのバスターミナルが設けられている。

川崎駅西口（現在）
再開発が行われて「ラゾーナ川崎」が生まれたしたことで、川崎駅西口駅前の風景は一変した。北側には「ソリッドスクエア」が誕生した。

　多摩川の広い河川敷を渡ると神奈川県川崎市に入り、間もなく川崎駅に到着する。この川崎駅は明治5（1872）年7月、新橋〜横浜間の鉄道開業前、品川〜横浜間の仮開業時に誕生している。昭和2（1927）年には南武鉄道の川崎〜登戸間が開通、後に国営化されて南武線となった。また、「川崎」の名のついた駅は、新川崎（横須賀線）・川崎新町・浜川崎（南武線）があるが、いずれも距離が離れている。最も近いのは北東に位置する京急川崎駅である。
　川崎といえば、川崎大師（平間寺）が有名で、ここは東に2kmほど離れた距離にあり、現在は京急川崎駅から京浜急行の大師線を利用することができる。この大師線こそが京浜急行のルーツであり、明治32（1899）年、川崎（後に六郷橋）〜大師（現・川崎大師）間が開通している。開業当時は大師電気鉄道という社名だった。沿線には、川崎球場（現・富士通スタジアム川崎）・川崎競馬場・川崎競輪場などもあって、利用者の多い支線である。
　江戸時代の川崎は、品川に続く東海道2番目の宿場町。東海道の誕生当初は設置されなかったが、元和9（1623）年に宿場が置かれた。明治維新後は、川崎四宿が「川崎駅」という地名となり、明治22（1889）年に川崎駅と堀之内村が合併して、川崎町が成立。大正13（1924）年、川崎市・大師町・御幸村が合併し、現在の川崎市が誕生。

川崎駅を通過する特急「富士」(昭和39年)
151系の電車特急の「富士」は昭和36年に登場。東京〜神戸・宇野間に各1往復、計2往復が設定された。その後「富士」の愛称は昭和39年ブルートレインに譲った。

多摩川橋梁の211系(平成15年)
当初は東京口の東海道線や上野口の東北・高崎線に導入された。その後千葉地区のローカル運用をへて長野地区で現在活躍中。

湘南色のE217系(平成26年)
横須賀線が減便されE217系が余剰になったため東海道線に一部が転出された。帯色は変更し機器更新も行われたが平成27年3月に運用は終了した。

南武線の205系(現在)
103系の淘汰を目的に導入された車両。編成の一部には中間改造車の1200番代も在籍している。支線の浜川崎線でも205系が活躍中。

古地図探訪
昭和29年/川崎駅付近

京浜工業地帯の中心のひとつであった川崎駅周辺には、国鉄と京急の線路沿いに工場が点在していた。この地図でも北から、明治製糖、東芝堀川工場、東京製線川崎工場などの工場用地が広がっている。一方で、駅南側の古川通り、小川町一帯は、多くの映画館が集まる興行街(川崎映画街)でもあった。現在はシネマコンプレックスの「シネチッタ」が誕生している。駅北側の堀川町方面には、大型商業施設「ラゾーナ川崎プラザ」、コンサートホール「ミューザ川崎」が生まれている。南側には駅ビル「アトレ川崎」、地下に「川崎アゼリア」ができている。

見所スポット

川崎市電(昭和29年)
川崎市電は京浜工業地帯の工員輸送を目的として、戦時中の昭和19年に開通している。都電から譲渡された車体なども活躍したが昭和44年に廃止された。

川崎大師
平安時代の大治3(1128)年、海中から弘法大師の木造を引き上げた平間兼乗が開き、現在は真言宗大本山の平間寺となっている。「川崎大師」は通称で、初詣でも有名。

大師公園
平間寺(川崎大師)に隣接する都市公園。桜の名所として知られ、野球場、テニスコート、大師プール、芝生広場などの施設がある。

川崎市の空撮（昭和10年代）
京浜工業地帯の中心地として、多くの工場が建ち並んでいた頃の川崎駅付近。奥（北側）に多摩川、六郷橋が見える。

六郷橋（昭和10年代）
昭和59（1984）年に架け替えられる前の六郷橋。この橋は関東大震災後の大正14（1925）年に完成した、タイドアーチの橋梁だった。

川崎駅東口の噴水広場（昭和30年頃）
かつての川崎駅東口には、噴水を中心にした円形の広場があり、工業都市・川崎の中で市民の憩いの場となっていた。

提供：川崎市市民ミュージアム

川崎駅東口（昭和30年頃）

駅ビルが完成する前の川崎駅東口。駅舎は継ぎはぎで古い跨線橋も残っていた。手前の京浜急行にも旧型車が走っていた。京急の路線まのた手前（写真右下）には川崎市電の線路が見える。

提供：川崎市市民ミュージアム

川崎駅東口の京浜急行（昭和30年代）

昭和41(1965)年に高架化される前、地上を走っていた頃の京急本線。国鉄の駅前では周囲の風景と調和していた。

提供：川崎市市民ミュージアム

小美屋百貨店（昭和30年代）

川崎駅前に存在した小美屋（こみや）百貨店。地下街の誕生、川崎ルフロンの誕生の影響などで、平成8(1996)年に閉店した。

提供：川崎市市民ミュージアム

つるみ

鶴見

明治5年に開業、海側の鶴見線連絡
曹洞宗の大本山、總持寺の最寄り駅

開業年	明治42(1909)年12月16日
所在地	横浜市鶴見区鶴見中央1-1-1
キロ程	21.7km(東京起点)
駅構造	地上駅・高架駅
ホーム	地上1面2線、高架2面2線
乗車人員	78,272人

鶴見駅西口（昭和41年）
現在の駅ビルに改築される前の鶴見駅西口。西口の旧駅ビルは、鶴見線の前身、鶴見臨港鉄道が建設したものが使われていた。
提供：横浜市史資料室

鶴見駅東口駅前（昭和41年）
国鉄の鶴見駅東口付近から、駅前広場、京浜鶴見（現・京急鶴見）駅を望む。現在の駅は高架駅に変わっている。
提供：横浜市史資料室

鶴見駅東口（現在）
鶴見駅東口にあった駅ビル「つるみカミン」は、平成20(2008)年に閉館。平成24(2012)年に新駅ビル「CIAL(シャル)鶴見」が開業した。

鶴見駅西口（現在）
鶴見駅西口駅前、西友鶴見店の南側にあるバスターミナルからは、綱島駅、新横浜駅、菊名駅などに向かう横浜市営バス、川崎鶴見臨港バスが発着している。

　川崎駅を出た東海道線は、鶴見川の手前で横浜市鶴見区に入る。鶴見川に架かる橋梁を渡ると鶴見駅である。この駅の歴史も古く、明治5(1872)年10月、新橋〜横浜間の鉄道開業時に誕生している。その後、大正6(1917)年に東海道線の貨物支線（現・高島線）、昭和4(1929)年に東海道線の支線（品鶴線）、昭和5年に鶴見臨港鉄道（現・JR鶴見線）が開通している。また、昭和50年代には鶴見〜府中本町間に武蔵野貨物線が開通した。
　鶴見駅の西側には曹洞宗大本山、總持寺の境内、伽藍が広がる。この總持寺は明治44(1911)年、能登（石川県）から移転してきた寺院であり、現在は鶴見大学も開設されている。また、この南側にはかつて、壮大な規模を誇る遊園地「花月園」があった。昭和21(1946)年の閉園後は、花月園競輪場が生まれ、競輪が開催されていた。
　鶴見という地名・駅名は、この地を流れる鶴見川に由来する。「ツル」は河川周辺の土地、「ミ」は「まわり、めぐり」の意味で、鶴見駅周辺で川が大きく湾曲していることに合致する。このほか、源頼朝がここで鶴を放ったという伝説もある。昭和2(1927)年、横浜市鶴見区になる前には神奈川県橘樹郡鶴見町があり、それ以前は生麦尾村だった。これは当時、合併する前の「生麦」「鶴見」「東寺尾」の各村から一字ずつを取ったものだ。

最後の時代の蒸気機関車（昭和45年）
鶴見駅付近では、東海道線・横須賀線の電車と高島貨物線のD51形蒸気機関車が並んで走る姿を見ることができた。

鶴見付近の111系（昭和43年）
この付近は武蔵野貨物線、東海道線の貨物支線として建設された通称「品鶴線」や「高島線」「羽沢線」などの貨物列車の運向上の拠点である。

花月園の豆汽車（昭和戦前期）
京浜間で大人も子供も楽しめる遊園地として人気があった花月園遊園地。園内を走る豆汽車は家族連れ、子どもたちでいつも満員だった。

鶴見線ホーム（現在）
鶴見臨港鉄道時代の面影が現在も感じられる。京浜東北線との乗り換えに中間改札口が設けられている。当駅以外は全駅無人化されている。

古地図探訪
昭和29年／鶴見駅付近

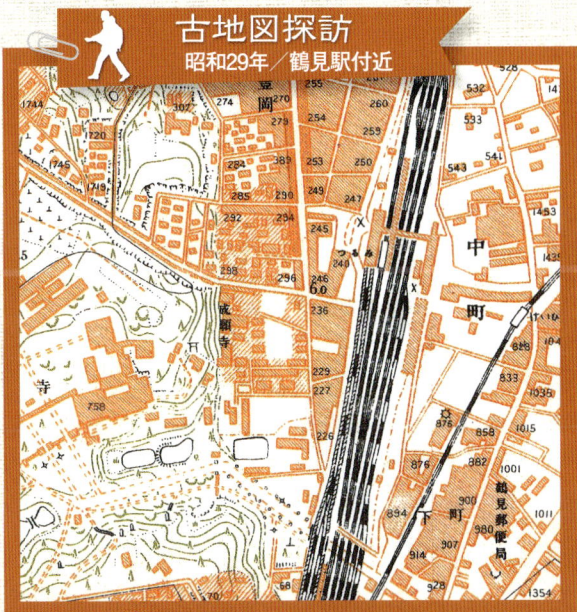

この地図の西南側一帯を占めるのが曹洞宗の大本山、總持寺である。現在でもその境内は広く、緑の木々が広がる場所となっている。その南に見える花月園は、戦前には賑わった遊園地（娯楽施設）であり、戦後は花月園競輪場となり、川崎競輪場とともに南関東の競輪のメッカとなっていた。一方、東側では国鉄とは離れて走っていた京浜急行が寄り添うような形になり、連絡駅として京浜鶴見（現・京急鶴見）駅が置かれている。その東側には、国道15号（第一京浜、明治国道1号）が走っている。

鶴見線

　現在の鶴見線は、東海道線の鶴見駅と扇町駅を結ぶ本線のほか、浅野～海芝浦間の海芝浦支線と、武蔵白石（運行上は安善）～大川間の大川支線という2本の支線がある。その歴史は大正15（1926）年、浜川崎～弁天橋間（および大川支線）に開通した鶴見臨港鉄道に始まり、昭和3（1928）年に扇町駅まで延伸した。昭和9（1934）年に鶴見駅までの乗り入れが実現し、昭和18（1943）年に国鉄に買収されて鶴見線となった。

　この鶴見線は工業地帯を走るため、朝夕の通勤時間帯以外は利用者が少なく、ダイヤも通勤客用に特化して組まれている。また、昭和46（1971）年に鶴見駅を除く全駅が無人化されている。

見所スポット

總持寺
明治44（1911）年、能登国櫛比庄（現・石川県輪島市）にあった總持寺が移転してきた。曹洞宗の大本山で、能登の寺院は現在、總持寺祖院と呼ばれている。

しんこやす
新子安

昭和18年開業、京浜間では新しい駅
新子安の駅名、地名は子安観音に由来

開業年	昭和18(1943)年11月1日
所在地	横浜市神奈川区子安通2-259
キロ程	24.8km(東京起点)
駅構造	地上駅
ホーム	1面2線
乗車人員	21,926人

新子安駅(昭和39年)
現在の駅舎に改築される前の新子安駅の改札口付近。駅周辺には高層の建築物がほとんどなかった頃で、空が広がっている。
撮影:荻原二郎

新子安駅(現在)
新子安駅は島式ホーム1面2線をもつ地上駅。地上にある改札口からは、地下通路を使ってホームに向かうことになる。

151系急行「オリンピア」(昭和39年)
言わずと知れた東京オリンピック関係の臨時列車。東京～熱海間の運行で151系を使った唯一の特急以外の列車と思われる。
撮影:荻原二郎

新子安付近のE233系(現在)
現在の東海道線の主役はE233系及びE231系である。上野東京ラインの開業により黒磯や前橋まで直通する運用もある。

　国鉄の新子安駅は太平洋戦争中の昭和18(1943)年11月に開業した比較的新しい駅である。当時は戦争中の物資不足のため、当駅開業の前日に廃駅となった万世橋駅(東京)の備品を使用した。この駅の海側(南側)には、京浜急行の京急新子安駅がある。こちらは明治43(1910)年に開業した当時は新子安駅を名乗っており、昭和18年の国鉄駅開業で改名したいきさつがある。

　新子安の地名・駅名は總持寺の南にある真言宗智山派の寺院、子生山東福寺に由来。この寺には、子育てで知られる子生観音があり、「子安観音」とも呼ばれていた。ここから子安村が生まれ、同村は明治44(1911)年に横浜市に編入されて横浜市子安町となった。新子安は駅名に用いられ、昭和11(1936)年から地名にも採用された。

　現在は沖合に埋め立て地ができて、日産自動車横浜工場などがある。付近はかつて海水浴場として知られており、この新子安海水浴場は、昭和初期まで賑わっていた。

新子安海水浴場（大正期）
横浜湾内に設けられていた新子安海水浴場。埋め立て前の海が沖合まで続いていた頃で、飛び込み台、小舟の姿も見える。

寝台特急「あさかぜ」（平成10年）
EF66が牽引。この当時、新幹線が開業していたものの、ブルートレインが東京駅から多数が西を目指していた。

新子安駅のホーム（昭和37年）
鶴見方向の風景で東海道線（横須賀線）では70系や80系が活躍していた時期。線路構造自体は現在と大きく変わらない。

古地図探訪
昭和29年／新子安駅付近

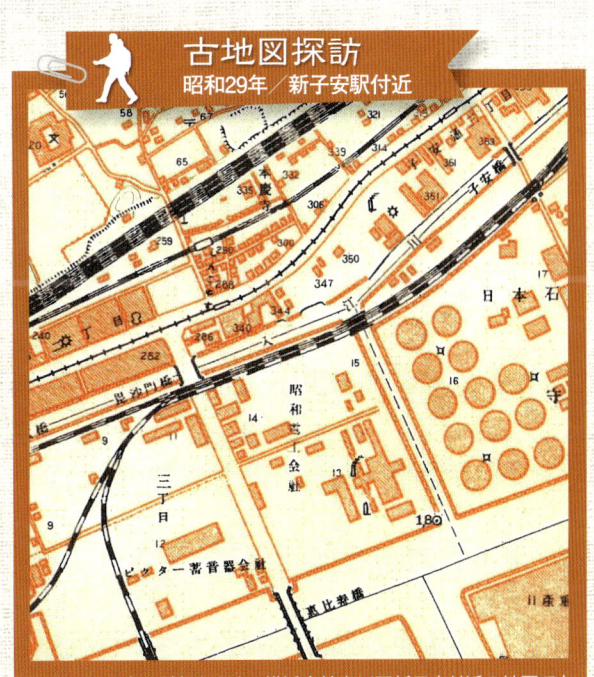

海岸の埋め立てが行われた、横浜市神奈川区新子安付近の地図である。地図上に見える鉄道線は上（北）から東海道線、京浜急行線、横浜市電（第一京浜）、高島線（東海道貨物線）である。横浜市電の生麦線は昭和41（1966）年に廃止された。市電が走っていた第一京浜の海側には、首都高速神奈川1号横羽線が開通し、神奈川産業道路も整備されている。ガスタンクが並ぶ「日本石油」は現在のJX日鉱日石エネルギー横浜製造所であり、ビクター蓄音機会社があった場所は、佐川グループの大型物流施設、SGリアルティ横浜になっている。

EF58形電気機関車と並ぶ103系（昭和35年）
撮影：長門 朗

京浜東北線では103系が長い期間活躍した。その後101系・901系・205系・209系をへて現在はE233系に統一されている。

見所スポット

生麦事件碑
幕末に起きた「生麦事件」を後世に伝えるために明治16（1883）年、建立された。JR新子安駅と京急生麦駅の中間付近に建つ。

キリン横浜ビアビレッジ
日本のビール発祥地である横浜にある、キリンビールの横浜工場。工場見学のほか、ビール造り体験、工場直送のできたてビール試飲などができる。

子安台公園
高台の住宅地の中にある静かな公園。横浜ベイブリッジ、鶴見つばさ橋などを見下ろせる夜景スポットとして人気がある。

ひがしかながわ
東神奈川

開業年	明治41(1908)年9月23日
所在地	横浜市神奈川区東神奈川1
キロ程	27.0km(東京起点)
駅構造	地上駅(橋上駅)
ホーム	2面4線
乗車人員	33,899人

横浜線の連絡駅、古くは神奈川駅存在
海側にある京浜急行の仲木戸駅と接続

東神奈川駅(昭和42年)
東神奈川駅は太平洋戦争時の横浜大空襲で駅舎が焼失している。仮駅舎の後、昭和35(1960)年に橋上駅舎が誕生した。
撮影:山田虎雄

東神奈川駅西口(現在)
東口方面の駅ビル、改札口からは跨線橋を渡り、西口方面に向かうことができる。その下には、第二京浜を挟み、バス停が設けられている。

東神奈川駅東口(現在)
東神奈川駅東口の駅ビル「CIAL PLAT」からは、京急本線の仲木戸駅方面に続くペデストリアン・デッキが設けられている。

　東神奈川駅は明治41(1908)年9月、横浜鉄道(現・JR横浜線)の国鉄線との接続駅として開業した。明治時代に誕生した「鉄道唱歌」では「鶴見、神奈川あとにして…」と歌われているように、東海道線には開業当時から神奈川駅が置かれていたため、「東」を冠した駅名とされた。この神奈川駅は昭和3(1928)年、横浜駅の移転に伴って廃止されているものの、京浜急行には、現在も神奈川駅がある。

　「神奈川」の地名の由来は諸説あるが、江戸時代には東海道の三番目の宿場として、駅南側の神奈川本町付近に「神奈川宿」があった。また、それ以前から海側には「神奈川湊」が設けられ、東京湾内の海上交通の拠点となっていた。徳川幕府は両者を支配する神奈川陣屋を置いたが、幕末には神奈川奉行(所)を設置している。

　東神奈川駅には連絡駅として、京浜急行の仲木戸駅がある。同駅は明治38(1905)年に開業し、当時は「中木戸」の駅名だった。

　駅周辺には南西の神奈川区役所・神奈川体育館のほか、神奈川県病院・神奈川総合高校など、「神奈川」を冠した施設が多い。また、駅の西北には西神奈川交差点があり、横浜西神奈川郵便局も存在するなど、「東」と「西」の名称が混合している。

東神奈川駅付近の空撮（昭和53年）

東神奈川駅の北西、西神奈川交差点付近の空撮写真。中央には、現在のイオン東神奈川店の前身である白いニチイの建物が見える。

提供：横浜市史資料室

ブルートレイン「瀬戸」と209系（平成10年）

瀬戸は現在、電車特急「サンライズ瀬戸」として運転を継続中。209系は改造され房総各線のローカル列車として幕張車両センターに転属した。

東神奈川駅を発車した京浜東北線72系（昭和45年）

撮影：山田虎雄

昭和40年度から京浜東北線も103系による新性能化が進んでいたが、旧型72系も健在だった。奥の編成は当時の東神奈川電車区の横浜線用72系。

古地図探訪
昭和29年／東神奈川駅付近

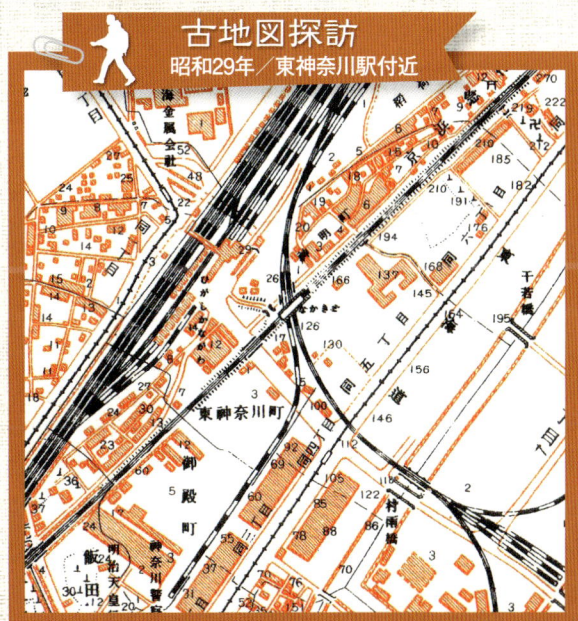

この東神奈川駅の東側（海側）、京急の仲木戸駅が置かれている付近では、東海道貨物線が枝分かれしながら海岸方面に伸びていた。仲木戸駅は明治38（1905）年、中木戸駅として開業し、後に駅名を改称している。その先の入江川に架かる村雨橋は、ベトナム戦争時の反戦運動、「戦車闘争（村雨橋事件）」の舞台となった場所である。一方、駅西側の東神奈川交差点からは、神奈川県道12号横浜上麻生線が北西に延び、かつては横浜市電の六角橋線が六角橋停留所まで通っていた。海側の第一京浜（国道15号）上には、生麦から東神奈川駅前を経由して、洲崎神社前に至る横浜市電の生麦線が走っていた。

見所スポット

神奈川の旧街道（明治中期）

藁葺き屋根の民家が続く生麦村（町）付近の街道。明治期の横浜周辺にはまだ、こんな長閑な風景が残っていた。

本覚寺

神奈川区高島台にある曹洞宗の寺院で、戦国時代には隣接して青木城があった。幕末には一時、アメリカ領事館が置かれていた。

反町公園

昭和24（1949）年、日本貿易博覧会の会場で、パビリオンはその後、横浜市の市役所となっていた。昭和38（1963）年、公園が開設された。

よこはま
横浜

新橋〜横浜間の開業は現・桜木町駅
東海道線延伸で、現在の三代目駅に

開業年	大正4(1915)年8月15日
所在地	横浜市西区高島2-16-1
キロ程	28.8km(東京起点)
駅構造	地上駅
ホーム	4面8線(JRのみ)
乗車人員	406,594人

二代目横浜駅(大正期)
大正4(19915)年8月に完成した二代目横浜駅。関東大震災で焼失し、北側の現在地に三代目の駅舎が建設された。

横浜駅西口(昭和30年)
戦災から復旧しつつあった頃の横浜駅。外壁の工事が進められており、駐車場の地面もまだ舗装されていなかった。
提供:横浜市史資料室

横浜駅東口(現在)
駅ビルのルミネ、そごう横浜店などがある横浜駅東口。歩道橋のほか、地下街の「横浜ポルタ」を通じて移動する人も多い。

横浜駅西口(現在)
相模鉄道が開発してきた横浜駅の西口には、バスターミナルが整備され、高島屋横浜店、横浜モアーズ、ヨドバシ横浜などのビルが建つ。

　明治5(1872)年、日本最初の鉄道が開通したときの初代横浜駅が現在の桜木町駅である。当時の横浜駅は終着駅だったため、特に問題はなかったが、東海道線が西に延びる際には立地に難点が生じてきた。明治20(1887)年、国府津までの開通時には、横浜駅を経由する列車はスイッチバック(反転)を行うことで対応していたが、明治31(1898)年には横浜駅を経由しない短絡直通線が開通する。明治34(1901)年には、短絡線上に平沼駅が開業した。
　大正3(1914)年には高島町駅が置かれ、大正4(1915)年には二代目横浜駅が誕生して、初代駅は「桜木町」に駅名を改称した。このときに平沼駅は廃止され、高島町駅は横浜駅の一部となった。さらに、大正12(1923)年の関東大震災では、横浜は壊滅的な打撃を受け、二代目駅舎は焼失し、昭和3(1928)年に三代目の横浜駅が現在地に誕生した。この年には、鉄道開業以来存在した神奈川駅が廃止されている。
　一方で、東京横浜電鉄(現・東急東横線)が開通し、横浜駅に乗り入れ、続いて昭和5(1930)年には、京浜電気鉄道(現・京浜急行)と神中鉄道(現・相模鉄道)が開業し、連絡駅としての性格がより強くなっている。
　昭和51(1976)年には横浜市営地下鉄の駅も生まれ、現在は横浜高速鉄道みなとみらい線とも連絡している。

当時の看板特急「こだま」(昭和39年)
昭和33年に運転開始。東京〜大阪間を6時間30分で結んだ。列車名はそのまま新幹線に引き継がれた。

修学旅行電車の塗色(昭和51年)
派手な黄色と朱色が眩しいこの車両は修学旅行シーズン以外でも準急やスキー臨などにも使用された。

横浜駅構内(昭和46年)
三代目横浜駅の構内には「昭和の大駅」の雰囲気が漂っていた。屋根が高く、大きな窓からは日光が降り注いでいた。

古地図探訪
昭和28年/横浜駅付近

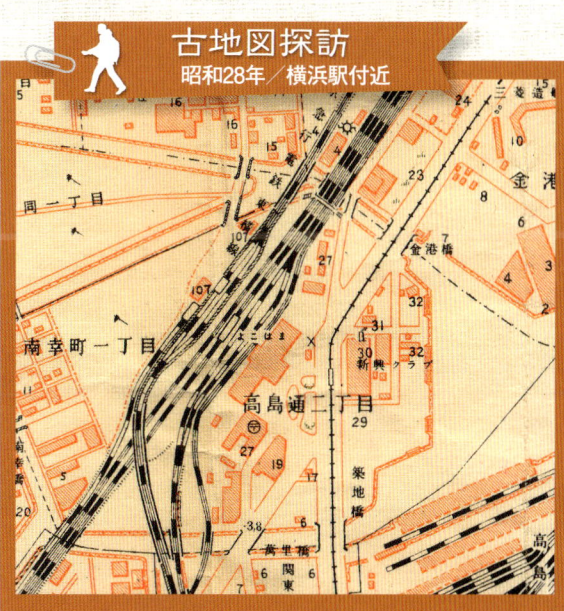

この頃の横浜駅の周辺は開発が進む前であり、南東側(海側)には、高島貨物駅があった。また、みなとみらい線の誕生によって廃止された東急東横線が桜木町駅まで延びており、途中駅として高島町駅が置かれていた。その後、首都高速神奈川1号横羽線、2号三ツ沢線が誕生したことで、駅周辺の風景は大きく変わっている。相模鉄道の起点である西口付近には高島屋横浜店が誕生、東口にはそごう横浜店が生まれている。一方、この地図では川(水路)の形がよくわかり、駅北東の金港橋、南東の築地橋、萬里橋などは今も残り、古い横浜の街の名残りをとどめている。

特急「さくら」(昭和60年)
大正12年に登場した歴史のある列車。その当時は東京〜下関間を23時間20分で運転した。丹那トンネルは未開通であり御殿場経由だった。

見所スポット

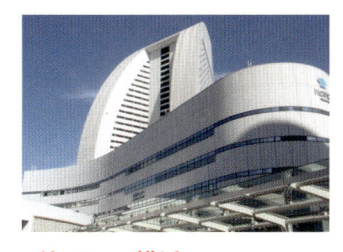

パシフィコ横浜
世界最大級の国際会議場、展示ホール、ホテルのあるコンベンション・センター。正式名称は横浜国際平和会議場で、パシフィコ横浜は通称である。

マリノスタウン
みなとみらい地区にあるスポーツ施設。サッカーのJリーグに加盟する横浜F・マリノスの本社、練習場がある。

横浜美術館
平成元(1989)年に開館した美術館で、横浜ゆかりの美術、写真の収集展示に力を入れている。横浜トリエンナーレのメイン会場のひとつでもある。

横浜駅付近の空撮（昭和40年）
開発が進行中だった横浜駅周辺、空撮写真。首都高速神奈川1号横羽線は開通しておらず、そごう横浜店のビルも建っていない。

横浜駅東口（昭和36年）
昭和3（1928）年に竣工し、太平洋戦争の空襲を耐え抜いた三代目横浜駅。時代をともに生きてきた横浜市電もまだ走っていた。

横浜港大桟橋（昭和50年）
はじめて日本に寄港する「クイーンエリザベスⅡ」が大桟橋に着岸しようとしている。横浜港には出迎えの人々が大勢集まる風景が見られた。

初代横浜駅（明治後期）
明治5（1872）年に誕生した初代横浜駅。堂々たる構えの駅舎は桜木町駅への駅名改称後、大正12（1923）年の関東大震災で焼失した。

桜木町駅（昭和戦前期）
関東大震災から復活し、昭和2（1927）年に完成した二代目桜木町駅の駅舎。平成元（1989）年に移転、改築されるまで存在した。

桜木町駅付近の高架線（大正期）
横浜〜桜木町間の東海道支線（現・根岸線）、高架区間を走る京浜間の電車。右側の地上には桜木町方向に向かう横浜市電の姿も。

青木橋付近の市電（昭和戦前期）
横浜〜東神奈川間の国道1号（第二京浜）、青木橋付近を走る横浜市電。左手の高台上には、曹洞宗の寺院、本覚寺が見える。

高島町駅仮ホーム（大正期）
二代目横浜駅が完成する前、大正3（1914）年から1年足らずの間、京浜間の電車の終点となっていた高島町駅（仮ホーム）。

43

ほどがや
保土ケ谷

開業年	明治20(1887)年7月11日
所在地	横浜市保土ケ谷区岩井町1-7
キロ程	31.8km(東京起点)
駅構造	地上駅(橋上駅)
ホーム	1面2線
乗車人員	32,764人

旧東海道には、宿場町の保土ヶ谷宿
明治20年開業、当時は「程ヶ谷駅」

保土ケ谷駅東口(昭和41年)
保土ヶ谷駅東口は昭和13(1938)年に開設された。昭和56(1981)年に改築されるまで、木造駅舎が使用されていた。

保土ケ谷駅西口(昭和41年)
昭和56(1981)年、現在のような橋上駅舎になる前の保土ケ谷駅西口駅舎。木造駅舎や木造の跨線橋が残されていた。

保土ヶ谷駅西口(現在)
橋上駅舎となっている保土ヶ谷駅。この南側にはバスターミナルがあるが、西口出口前は狭く、自転車置き場になっている。

保土ケ谷駅西口駅前(現在)
保土ケ谷駅西口の駅雨には広いバスターミナルがあり、神奈川中央交通バス、相鉄バス、横浜市営バスなどが発着している。

　横浜駅を出た東海道線は、国道1号と寄り添うように走り、次の保土ヶ谷駅に到達する。この駅は東海道線の横浜以西への延伸(国府津まで)が実現した明治20(1887)年7月に開業した。当時の駅名は「程ヶ谷」で、昭和6(1931)年に現在の「保土ケ谷」に変わっている。

　「保土ケ谷(程ヶ谷)」は江戸時代、神奈川に続く東海道の4番目の宿場であり、鉄道線上に駅が置かれるのは自然の流れでもあった。当時は武蔵国西端の宿場であり、浮世絵師の葛飾北斎は「富嶽三十六景」シリーズで松並木の街道を行く人々を、歌川広重は「東海道五十三次之内」で帷子橋周辺の風景を描いている。

　この保土ヶ谷の地名の由来には複数の説があり、「幡屋(はたのや)」が「榛谷(はんがや)」となり、「保土ケ谷」に転化したなどの説が存在する。明治22(1889)年、神奈川県橘樹郡に保土ヶ谷町が誕生したが、後に一部が横浜市に編入され、昭和2(1927)年の最後の編入で、保土ヶ谷区が成立した。先に横浜市になっていた部分は現在、西区に含まれている。

保土ケ谷付近を行くマンモス電機・EH10形（昭和51年）

撮影：長門 朗

昭和29〜32年に64両が製造された全長22.5mの大型貨物用電機で、汐留〜岡山・宇野間で貨物輸送に活躍した。昭和50〜57年に廃車。

特急「平和」（昭和33年）

初代の特急「へいわ」は昭和24〜25年に登場（東京〜大阪）、昭和25年に「つばめ」と改称して東海道線の花形に。昭和33年特急「さちかぜ」（東京〜長崎間）を「平和」と改称、昭和34年ブルートレイン化されて「さくら」と改称し、以後は長寿を保った。昭和36年に二代目「平和」（大阪〜広島間）が登場したが昭和37年に廃止。

古地図探訪　昭和42年／保土ケ谷駅付近

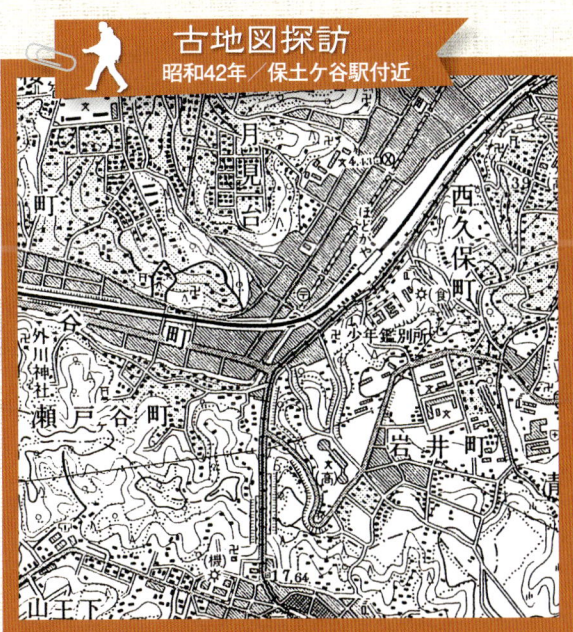

この保土ケ谷駅が置かれている岩井町、西久保町は神奈川県保土ヶ谷区内にあるが、すぐ東側に区境があり、久保町や東久保町は西区内になる。東海道線と並行しながら進んできた国道1号は保土ケ谷駅の先で、横浜環状1号線と交差している。こちらは神奈川区台町から進んできた道路で、京急本線井土ヶ谷駅の南、南区通町1丁目まで続いている。駅の南、岩井町付近に見える「文（高）」のマークは、大正12（1923）年、横浜家政女学校として開校し、平成13（2001）年から現校名に変わった私立横浜清風高校である。

保土ケ谷付近の横須賀線の70系電車（昭和40年）

70系は昭和26〜33年の製造で横須賀・京阪神緩行・阪和線などで活躍した。写真の先頭車は関西からの転属車で前面に行き先札のの装着可能車。

見所スポット

保土ヶ谷の旧東海道（明治中期）

子どもたちの姿があり、馬が引く荷車で行く人も見える保土ヶ谷付近の旧東海道。江戸時代から続く街道風景がまだ残っていた。

県立保土ケ谷公園

神奈川県で初めての運動公園で、桜の名所としても知られる。野球場は昭和24（1949）年にオープンし、サッカー場、ラグビー場、プールなどがある。

大仙寺

東海道線の線路沿いにある高野山真言宗の寺院。平安時代の天ศ年間に創建され、当初は神宮寺だったが、応永年間に西方山安樹院大仙寺と改められた。

ひがしとつか
東戸塚

開業年	昭和55(1980)年10月1日
所在地	横浜市戸塚区品濃町692
キロ程	36.7km(東京起点)
駅構造	地上駅(橋上駅)
ホーム	1面2線
乗車人員	58,487人

昭和55年に誕生、周辺住宅地を開発
東海道線は通過、横須賀線の電車が停車

提供：横浜市史資料室

東戸塚駅(昭和60年)
長い間の住民の願いが叶い、昭和55(1980)年に開業した東戸塚駅。地上駅ではあるが、当初から橋上駅舎が設けられていた。写真は東口側。

東戸塚駅西口(現在)
東戸塚駅西口にも現在は高層マンション、商業施設が建ち並んでいる。駅前には広い屋上デッキが設けられている。

東戸塚駅東口(現在)
東戸塚駅は昭和55(1980)年に開設された新しい駅で、島式ホーム1面2線をもつ地上駅の構造をもつ。東口、西口を結ぶ橋上駅舎がある。

　東戸塚駅は東海道線の中では新しい駅で昭和55(1980)年10月に開業した。このとき、東海道線と横須賀線の別線化による分離運転も開始された。そのため、東戸塚駅には東海道線の列車は停車せず、横須賀線及び湘南新宿ラインの普通列車(宇都宮線直通)のみが停車する。

　東戸塚駅の所在地は戸塚区品濃町で、旧東海道に置かれた「品濃一里塚」が駅の東側に残されている。また、北東にある権太坂の頂上には、境木地蔵が置かれ、武蔵国と相模国の境界となっていた。この権太坂は現在の地名にも採用されており、横浜市立権太坂小学校もある。毎年1月2・3日に開催される箱根駅伝では、国道1号の坂が権太坂と呼ばれており、往路2区、復路9区の難所としてテレビ放送中でも取り上げられている。

　この駅は、横浜カントリークラブ、戸塚カントリークラブなどの名門ゴルフコースに近いことで知られる。駅周辺は開発が進められ、高層マンションが目立つほか、商業施設も東口にオーロラシティー、西口にモレラ東戸塚、東戸塚西口プラザなどが生まれ、都市銀行の支店も誕生している。

　また、東戸塚駅の駅前・東口・西口からは、横浜市営バス・神奈川中央交通バス・相鉄バスの路線バスが発着している。主な行き先は緑園都市駅・上永谷駅・保土ヶ谷駅東口・上大岡駅・二俣川駅南口などである。

東海道線の切符と時刻表

　歴史が古く、多様な列車が走っていた東海道線には、バラエティー豊かな乗車券(切符)が存在するは、ここでは乗車券、特急券、入場券などを紹介する。

　戦前、東海道線を走った特急列車には、つばめ(燕)、ふじ(富士)、さくら(桜)、かもめ(鷗)などのスタンプが押されていた。また、すぐ先の江之島・鎌倉や奥伊豆へ向かう回遊乗車券も存在した。主要区間だけに、「公務」「学(生)」「子(供)」などが印刷した乗車券もある。

　一方、時刻表は、多くの駅で旅館などが発行していたものが残っている。ここでは、丹那トンネル開通後に熱海の岡本旅館が発行した東京・熱海間のものを紹介する。
（特記以外は昭和戦前期）

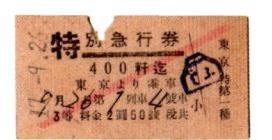

特別急行券「ふじ」 　　特別急行券「第一列車」(戦後期) 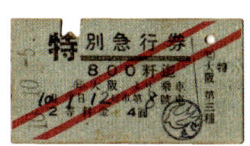　　特別急行券「つばめ」 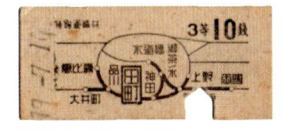　　地図式　田町→10銭

乗車券　鎌倉→東京(通学) 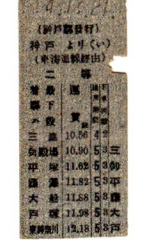　　乗車券　神戸→東神奈川(二等) 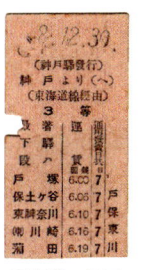　　乗車券　神戸→蒲田(三等) 　　寝台券　二等　上段　横浜駅 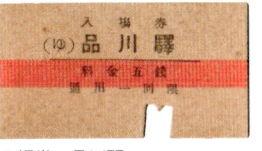　　入場券　品川駅

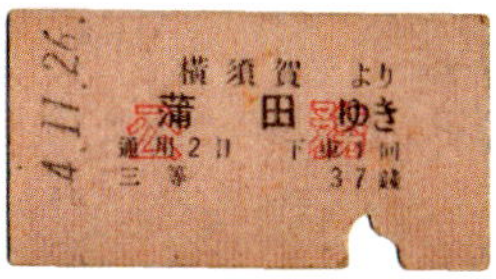

乗車券　横須賀→蒲田(公務) 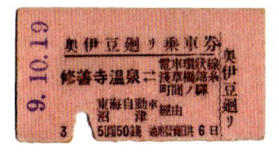　　　　　　　　　　　　　　　　　　　　　　　　　　　　　　　　　　　　奥伊豆廻り乗車券

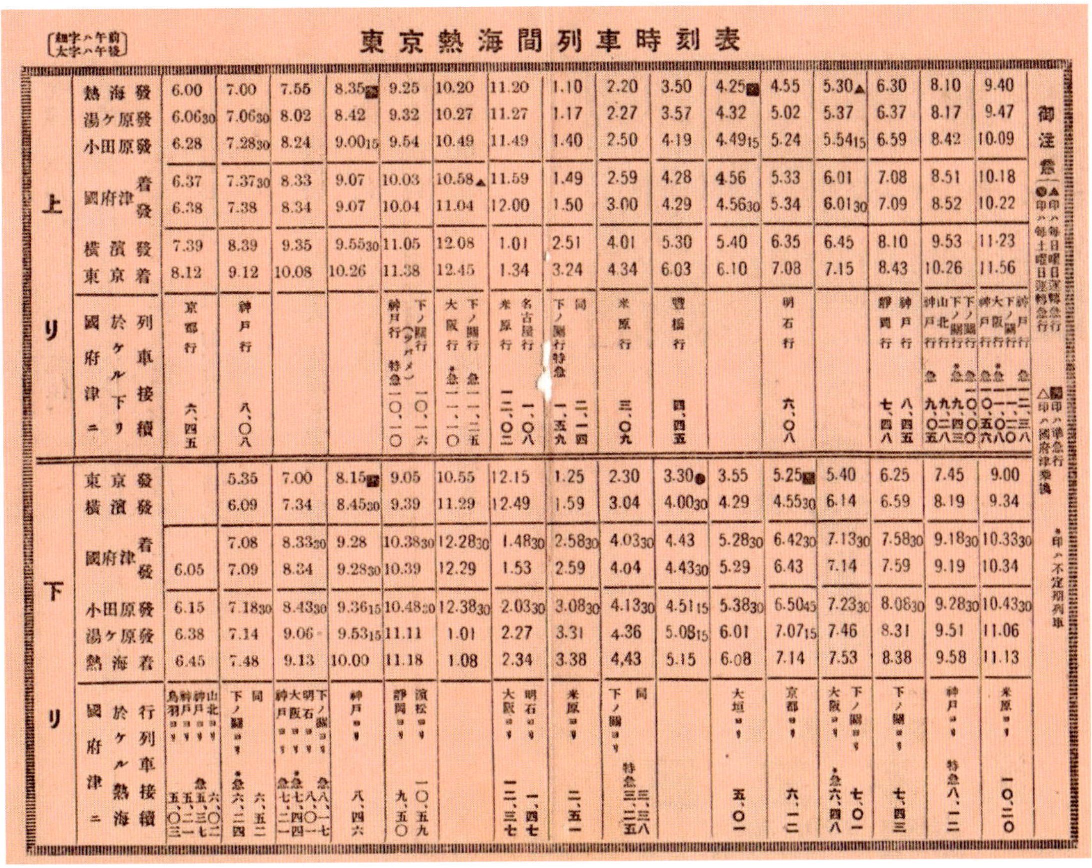

東京熱海間列車時刻表

（細字ハ午前・太字ハ午後）

上リ

熱海發	6.00	7.00	7.55	8.35	9.25	10.20	11.20	1.10	2.20	3.50	4.25	4.55	5.30▲	6.30	8.10	9.40
湯ケ原發	6.06:30	7.06:30	8.02	8.42	9.32	10.27	11.27	1.17	2.27	3.57	4.32	5.02	5.37	6.37	8.17	9.47
小田原發	6.28	7.28:30	8.24	9.00:15	9.54	10.49	11.49	1.40	2.50	4.19	4.49:15	5.24	5.54:15	6.59	8.42	10.09
國府津着	6.37	7.37:30	8.33	9.07	10.03	10.58▲	11.59	1.49	2.59	4.28	4.56	5.33	6.01	7.08	8.51	10.18
國府津發	6.38	7.38	8.34	9.07	10.04	11.04	12.00	1.50	3.00	4.29	4.56:30	5.34	6.01:30	7.09	8.52	10.22
横濱發	7.39	8.39	9.35	9.55:30	11.05	12.08	1.01	2.51	4.01	5.30	5.40	6.35	6.45	8.10	9.53	11.23
東京着	8.12	9.12	10.08	10.26	11.38	12.45	1.34	3.24	4.34	6.03	6.10	7.08	7.15	8.43	10.26	11.56

下リ

東京發		5.35	7.00	8.15	9.05	10.55	12.15	1.25	2.30	3.30	3.55	5.25	5.40	6.25	7.45	9.00
横濱發		6.09	7.34	8.45:30	9.39	11.29	12.49	1.59	3.04	4.00:30	4.29	4.55:30	6.14	6.59	8.19	9.34
國府津着			7.08	8.33:30	9.28	10.38:30	12.28:30	1.48:30	2.58:30	4.03:30	4.43	5.28:30	6.42:30	7.13	7.58:30	9.18:30	10.33:30
國府津發	6.05		7.09	8.34	9.28:30	10.39	12.29	1.53	2.59	4.04	4.43:30	5.29	6.43	7.14	7.59	9.19	10.43
小田原發	6.15		7.18:30	8.43:30	9.36:15	10.48:30	12.38:30	2.03:30	3.08:30	4.13:30	4.51:15	5.38:30	6.50:30	7.23:30	8.08:30	9.28:30	10.43:30
湯ケ原發	6.38		7.14	9.06	9.53:15	11.11	1.01	2.27	3.31	4.36	5.08:15	6.01	7.07:15	7.46	8.31	9.51	11.06
熱海着	6.45		7.48	9.13	10.00	11.18	1.08	2.34	3.38	4.43	5.15	6.08	7.14	7.53	8.38	9.58	11.13

△印ハ準急行　印ハ國府津發迄

印ハ不定期列車

とつか
戸塚

**旧東海道5番目の宿場、戸塚宿が繁栄
明治20年開業、地下鉄ブルーラインも接続**

開業年	明治20(1887)年7月11日
所在地	横浜市戸塚区戸塚町
キロ程	40.9km(東京起点)
駅構造	地上駅(橋上駅)
ホーム	2面4線
乗車人員	109,988人

戸塚駅西口(昭和40年)
開業当時の戸塚駅は、東海道の宿場町だった西口側に駅舎が設けられていた。昭和40年頃、路線バスが停まる西口駅前風景である。

提供：横浜市史資料室

戸塚駅東口(昭和30年代)
昭和12(1937)年、戸塚競馬の開催などでにぎわいを増した戸塚駅に東口が開設された。この頃は簡素な造りの駅舎だった。

提供：横浜市史資料室

戸塚駅西口(現在)
戸塚駅は地上駅だが、駅舎は橋上にあり橋上西口、東口が設けられている。西口側は「トツカーナ(東急プラザ戸塚)」に続いている。

戸塚駅東口(現在)
戸塚駅東口の駅前には昭和61(1986)年、再開発ビル「ラピス戸塚1」がオープン。平成19(2007)年に「戸塚モディ」になっている。

　東海道線の下りで、横浜市内最後の駅がこの戸塚駅である。もっとも、次の大船駅の所在地は鎌倉市であるものの、駅舎の一部は横浜市栄区にかかっており、「立場」は微妙である。また、戸塚駅も昭和14(1939)年、横浜市に編入される前は、鎌倉郡戸塚町であった。この戸塚駅は明治20(1887)年7月に開業した歴史の古い駅である。
　江戸時代、東海道には戸塚宿が置かれており、その旅籠の数は小田原に次ぐ2番目の規模といわれていた。数が増加した理由は、江戸(日本橋)を出てちょうど一泊する地点であったことによる。この「戸塚」の地名には、「富塚」「十塚」「豊塚」という3つの由来がある。
　戸塚駅の西側には、横浜市の戸塚区役所が置かれている。また、昭和62(1987)年5月には横浜市営地下鉄1号線(現・ブルーライン)の舞岡～戸塚間が開業している。このときの(地下鉄)戸塚駅は仮設駅で、平成元(1889)年8月に本開業している。平成11(1999)年8月には戸塚～湘南台間が延伸開業した。

戸塚付近を行く急行「霧島」(昭和40年)

東海道新幹線開業後も東京駅から東海道・山陽・鹿児島本線に向かう列車は多数残っていた。西鹿児島行きの急行「霧島」もその一つだった。

戸塚付近を快走する急行「西海」(昭和35年)

在来線黄金期の九州行き急行列車の一つで、EF58形が2・3等寝台車、食堂車、2・3等客車を牽引。終着佐世保まで約24時間を要した。

戸塚駅東口のモニュメント(現在)

戸塚駅東口のペデストリアン・デッキの上では、大きなモニュメントが行き交う人々を見下ろしている。

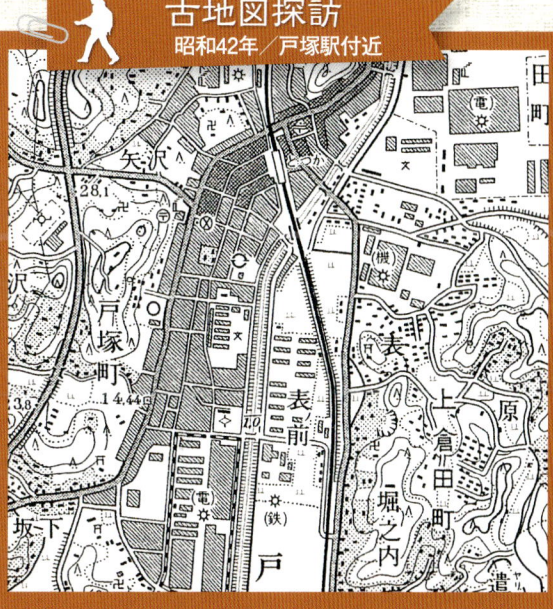

古地図探訪
昭和42年／戸塚駅付近

地図の中央には境川の支流、柏尾川が流れている。現在、戸塚駅のホームはこの柏尾川を跨ぐ形で設置されている。川の左(西)側には、国道1号(東海道)とそのバイパスである戸塚道路が通っている。一方、東海道線は駅の南側では、神奈川県道203号大船停車場矢部線と寄り添う形で走ることになる。地図の中央、柏尾川のほとりに建つのは、横浜市立戸塚小学校。江戸時代に戸塚宿の本陣に作られた寺子屋を前身とし、明治6(1873)年に「富塚学舎」として開校した古い歴史のある学校である。現在、その北側には横浜市立戸塚図書館がある。

大船～戸塚間、横須賀線のクハ47形(昭和35年)

横須賀線生え抜きの32系クハ47形は、オリジナル車と中間車のサハ48形に運転室を取り付けたものがあった。写真は前者の更新後の姿。

撮影：荻原二郎

見所スポット

戸塚宿本陣跡

東海道の戸塚宿には、内田家、澤辺家の2つの本陣があった。澤辺家の住居の前には、本陣跡の標柱と説明版が建てられている。

おおふな

大船

横須賀線・根岸線と接続、モノレールも
大船観音に植物園、過去に松竹撮影所

開業年	明治21(1888)年11月1日
所在地	鎌倉市大船1-1-1
キロ程	46.5km(東京起点)
駅構造	地上駅(橋上駅)
ホーム	5面10線
乗車人員	97,118人

大船駅(昭和戦前期)
柏尾川沿いに置かれていた大船駅の駅舎は関東大震災で倒壊したが、大正15(1926)年に復旧、東西を結ぶ跨線橋も完成した。

大船駅東口(昭和40年)
昭和25(1950)年に竣工した大船駅東口。改札口・出札口前に通勤客らしい多くの人々が集まっている。
撮影:荻原二郎

大船駅東口(現在)
大船駅東口方面には、郵便局が入った駅ビル「ルミネウイング」があり、駅前付近には多くの商店が店を構えている。

　大船駅は明治21(1888)年11月、官設鉄道(現・東海道線)の駅として開業した。日本最初の鉄道である新橋～横浜(現・桜木町)間の官設鉄道は明治20年(1887)7月に国府津まで延伸されており、このときに隣駅の戸塚と藤沢が既に開業。大船駅は明治22(1889)年6月に鎌倉～横須賀方面への乗り換え駅となる。横須賀線の大船～横須賀間が開通し、その起点となったからである。明治33(1900)年に出版された「鉄道唱歌　東海道編」でも、6番の歌詞に「横須賀行きは乗換と呼ばれて降るる大船の…」と歌われている。昭和48(1973)年には根岸線が洋光台駅から延伸、その終点駅となった。また、昭和45(1970)年には、湘南モノレール江の島線が西鎌倉駅まで開通した。

　「大船」の地名の由来には諸説が存在する。大きな船が入った場所、あるいは「粟船」が訛ったという説、船のような形の丘から来たという説などである。明治22(1889)年、それまであった大船村が小坂村の一部となった後、昭和8(1933)年に町制施行で大船町に変わった。昭和23(1948)年6月、鎌倉市の一部となっている。

　駅周辺のランドマークとして、大船観音寺の高さ25.3mの白衣観音像が有名である。また、平成12(2000)年までは映画の松竹大船撮影所が存在した。この駅で売られる大船軒の駅弁(サンドイッチ弁当)も有名である。

大船付近を快走する横須賀線43系（昭和35年）
昭和25年に関西の東海道・山陽線から横須賀線に転属してきた42、43系は、32系、70系と併結して活躍した。ラッシュ対策で後に3扉車に改造され、飯田線などに転出した。

京浜急行専用道路（昭和戦前期）
昭和6（1931）年、日本最初の有料道路として大船〜鎌倉間に開通した京浜急行専用道路。現在は一般道路となり、上を湘南モノレールが走る。

根岸線103系（昭和48年）
京浜東北線と一体化している根岸線は埼玉県の南浦和や大宮まで直通している。

撮影：山田虎雄

根岸線全線開業（昭和48年）
昭和48年4月に洋光台〜大船間が延伸され、同時に港南台駅と本郷台駅が開業した。

撮影：山田虎雄

古地図探訪
昭和29年／大船駅付近

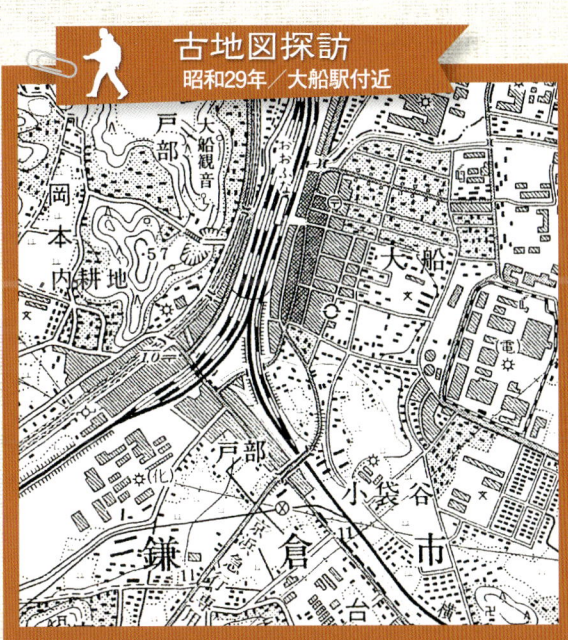

東海道線と横須賀線が分岐する大船駅周辺の地図である。現在は、東海道線に沿って走る2本の道路として、西側に神奈川県道402号阿久和鎌倉線、東側に県道203号大船停車場矢部線、302号小袋谷藤沢線があるが、この当時、東側の道路2本はまだ整備されていない。一方、駅南側から直線で鎌倉方面に伸びるのが「京浜急行専用（有料）道路」で、昭和6（1931）年に開通した日本初の有料道路、自動車専用道路である。その後、この道路は鎌倉市道・大船市道に変わり、上を湘南モノレール江の島線が通っている。大船駅の西側には、大船のランドマークとして有名な「大船観音」がある。

見所スポット

湘南モノレール大船駅（現在）
昭和45（1970）年に開業した湘南モノレール江の島線の大船駅。JR駅南側の駅ビル（乗り場）は平成4（1992）年に竣工した。

大船観音（寺）
半身像の白衣観音像である「大船観音」は戦前から築造が始まり、昭和35（1960）年に完成した。現在は宗教法人大船観音寺となっている。

神奈川県立フラワーセンター大船植物園
昭和42（1969）年、神奈川県農業試験場の跡地にオープンした。桜や芍薬、花菖蒲など四季の花々を楽しむことができる。

藤沢

ふじさわ

江ノ電・小田急線で、鎌倉・江の島へ
北には東海道、時宗総本山の遊行寺が

開業年	明治20(1887)年7月11日
所在地	藤沢市藤沢75
キロ程	51.1km(東京起点)
駅構造	地上駅(橋上駅)
ホーム	2面4線
乗車人員	106,254人

藤沢駅南口(昭和42年)
橋上駅舎となる前、地上駅舎だった頃の藤沢駅南口。奥にはホーム、跨線橋、駅舎の屋根には「橋上本屋完成予想図」の看板が見える。

撮影:荻原二郎

藤沢駅南口(現在)
JR藤沢駅の南口は、小田急百貨店(江ノ電藤沢駅)のほか、フジサワ名店ビル、藤沢OPAなどと複数の歩道橋で結ばれている。

藤沢駅北口(現在)
JR藤沢駅は昭和55(1980)年に橋上駅舎となった。現在はペデストリアン・デッキなどを使い、駅周辺の南北を自由に行き来することができる。

　江戸時代の幹線道路、東海道に置かれていた藤沢宿に対応する東海道線の駅がこの藤沢駅である。明治20(1887)年7月、横浜〜国府津間の開通時に開業しているが、藤沢駅は東海道から約1km離れた場所に開設された。

　この藤沢駅の南には、東海道の名所として知られた景勝地、江の島が存在する。現在の江ノ電の前身である江之島電気鉄道は明治35(1902)年9月、藤沢〜片瀬(江ノ島)間が開業している。鎌倉(当時・小町)まで延伸するのは明治43(1910)年である。また、もうひとつの江の島への鉄道線、小田急江ノ島線は昭和4(1929)年、大野信号所(現・相模大野)〜片瀬江ノ島間が開通し、現在も藤沢駅でスイッチバック運転を行っている。

　「藤沢」の地名、駅名の由来は諸説あるが、淵や沢の多い土地「淵沢」から来たという説が有力である。江戸時代には藤沢宿が存在し、明治22(1889)年には高座郡に藤沢大坂町、鎌倉郡に藤沢大冨町が生まれている。明治40(1907)年に藤沢大坂町が藤沢大冨町を編入、明治41(1908)年に鵠沼村と明治村が合併して藤沢町が誕生。昭和15(1940)年には市制が施行され、藤沢市が誕生した。

藤沢駅前広場（大正期）
人力車の姿がある藤沢駅の駅前風景。右手には駅舎の一部が見え、正面奥には洋風のレストラン（料理店）が店を構えている。

藤沢駅付近のED15形電機（昭和6年）
大正15年に日立製作所が製造した初の国産電気機関車1070～1072で、昭和3年にED151～153に改番。東海道線・中央線で使用、昭和35年に廃車。1号車は日立の水戸工場で保存されている。

撮影：荻原二郎

小田急江ノ島線藤沢駅（現在）
当駅はスイッチバック構造であり、大和方面と片瀬江ノ島行きは同じ方向に電車が向かう。東武野田線柏駅や西武池袋線飯能駅も同じ構造である。

江ノ電藤沢駅（現在）
江ノ電の藤沢駅は、JR藤沢駅南口からバスターミナルを挟んだ南側、小田急百貨店藤沢店ビルの2階部分に入っている。

古地図探訪
昭和42年／藤沢駅付近

この藤沢駅は、旧東海道の宿場だった藤沢宿から離れており、明治以降、駅を中心に付近の市街地が発展した様子が見て取れる。国道467号の北には、遊行寺（清浄光寺）と小栗判官墓、その西に白旗神社が存在する。藤沢駅から北西、南西に伸びるのが小田急江ノ島線であり、両線は藤沢駅でスイッチバック運転を行っている。また、南には向かうのは江ノ電（江ノ島電鉄線）である。小田急線の西側には、日本精工藤沢工場が広がり、その北西には伝統の名門校、神奈川県立湘南高校のキャンパスがある。

藤沢駅ホーム、売店（現在）
藤沢駅ホームに設けられた売店（KIOSK）は、懐かしい湘南電車80系を模した外観になっている。

見所スポット

遊行寺（清浄光寺）
時宗の総本山で、正式名称は藤沢山無量光院清浄光寺だが、遊行寺の通称で呼ばれている。国宝「一遍上人絵伝」が有名である。

新林公園
丘陵地の尾根に挟まれた公園で、谷戸の地形を生かした山林、湿地の自然に触れることができる。古民家や菖蒲田などがある。

つじどう

辻堂

大正2年開設、辻堂信号所が駅ルーツ
湘南の風吹く海水浴場、海浜公園存在

開業年	大正5(1916)年12月1日
所在地	藤沢市辻堂1-1-1
キロ程	54.8km(東京起点)
駅構造	地上駅(橋上駅)
ホーム	1面2線
乗車人員	56,134人

辻堂駅(昭和42年)
現在のような橋上駅舎に変わる前、地上駅舎だった頃の辻堂駅。開業以来の駅舎は、現在の南口付近に置かれていた。雨の日の風景である。

撮影：荻原二郎

辻堂駅南口(現在)
大正5(1916)年、駅に昇格した当時の辻堂駅の駅舎は南口に置かれていた。現在は橋上駅舎で北口と結ばれている。

辻堂駅北口(現在)
辻堂駅の北口駅前には、大型ショッピングモール「テラスモール湘南」がオープン。ペデストリアン・デッキで、駅と直結している。

　藤沢駅を出た東海道線は一直線に西に進み、辻堂駅に至る。この辻堂駅は大正2(1913)年、辻堂信号所が開設されたことに始まり、大正5(1916)年12月、国鉄駅として開業している。

　この辻堂の地名・駅名は、村の中心地(現・辻堂元町)にあったお堂に由来する。鎌倉道と交わる十字路のお堂であることから「四つ辻のお堂」と呼ばれ、地名になったという。江戸時代から続く辻堂村は明治22(1889)年、明治村となり、明治41(1908)年に神奈川県高座郡藤沢町(現・藤沢市)の一部となった。辻堂駅のすぐ西側からは茅ヶ崎市である。

　辻堂駅の南、茅ヶ崎市の境界付近には広大な辻堂海浜公園がある。すぐ南は相模湾に面しており、夏場は辻堂海水浴場が開かれる場所である。この公園には交通公園、交通展示館があり、海・空・陸の3つのゾーンで、飛行機や船、電車の魅力を紹介、鉄道ジオラマ模型の運転や電車の運転シミュレーションも実施されている。

　この辻堂駅は、ニュータウンとして開発された湘南ライフタウンの最寄り駅である。駅北口からは、この湘南ライフタウン行きのほか、茅ヶ崎駅・藤沢駅北口などへの路線バスが発着している。また、南口、西口にも神奈川中央交通バス・江ノ電バスの乗り場が設けられている。

辻堂海水浴場通り（昭和戦前期）
「町営辻堂浜見山海水浴場」のポールが人々を迎えていた辻堂海水浴場。現在の県道308号辻堂停車場辻堂線が駅方面まで続いていた。

辻堂駅のE233系（現在）
東海道線、宇都宮線、高崎線に運用されるE233系は3000番代であり現在の主役格の車両。また、湘南新宿ラインを介して横須賀線の逗子まで運用される。

辻堂付近の「サンライズ瀬戸・出雲」（現在）
東京駅発着、唯一の寝台電車特急は285系が使用され、岡山で「瀬戸」と「出雲」が分割併結される。平均乗車率の高い人気の列車である。

古地図探訪
昭和42年／辻堂駅付近

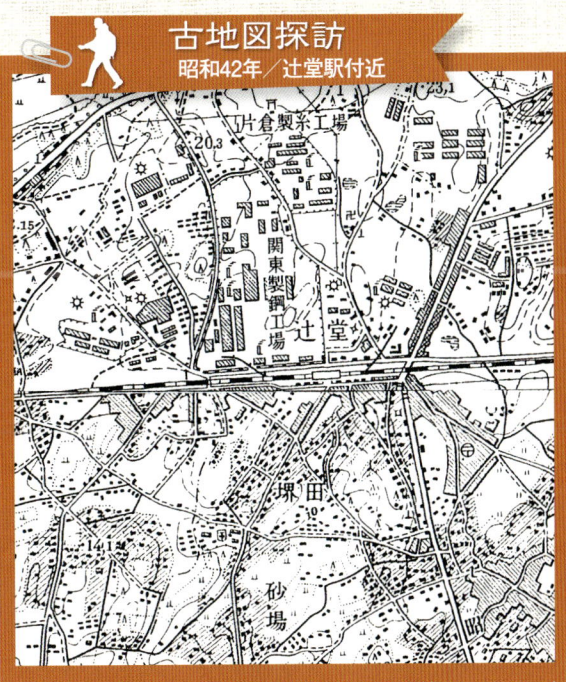

東海道線を境にして、北側は工場地帯、南側は住宅地であった頃の辻堂駅周辺の地図である。現在は、関東製鋼工場があった駅北口付近が再開発され、テラスモール湘南、Luz湘南藤沢などが生まれている。片倉製紙工場も姿を消し、キーパー辻堂工場や神台北公園などに変わっている。その北に東海道（国道1号）が通っている。駅の南側、一直線に伸びるのが昭和10(1935)年に開通した「昭和通り」で、現在は神奈川県道308号辻堂停車場辻堂線となっている。

東海道貨物線（現在）
東戸塚から小田原まで東海道貨物線が併走する。藤沢と平塚には貨物線上にライナー専用旅客ホームが設けられている。写真は辻堂付近を走るEF210牽引の貨物列車

見所スポット

辻堂海浜公園
神奈川県立の公園で、ジャンボプール、しょうなんの森、花工房、交通展示館、交通公園など多彩な施設がある。イベント開催も盛んである。

辻堂海水浴場
辻堂西海岸にあり、規模は小さいものの、サーファーには良い波が得られる場所として知られる。湘南の穴場的な海水浴場である。

大庭城址公園
平安末期に大庭氏によって築城された城で、太田道灌が整備した後、北条早雲により落城した。現在は、126ヘクタールの都市公園になっている。

ちがさき
茅ケ崎

開業年	明治31(1898)年6月15日
所在地	茅ヶ崎市元町1-1
キロ程	58.6km（東京起点）
駅構造	地上駅（橋上駅）
ホーム	3面6線
乗車人員	55,545

明治31年、東海道線の全通後に誕生
サザンの歌で有名、烏帽子岩が見える

茅ケ崎駅（昭和42年）
大きな屋根が特徴的だった茅ケ崎駅の地上駅舎。昭和60(1985)年に橋上駅舎、駅ビル「茅ケ崎ルミネ」が誕生し、この風景は見られなくなった。

撮影：荻原二郎

茅ケ崎駅南口（現在）
茅ケ崎駅は昭和60(1985)年、橋上駅舎となり、駅前の風景も大きく変わった。南口駅前にはロータリーとバス乗り場が設けられている。

茅ケ崎駅北口（現在）
ペデストリアン・デッキのある茅ケ崎駅北口。駅ビル「茅ケ崎ルミネ」は平成18(2006)年、「茅ヶ崎ラスカ」に改称している。

　東京都を起点に川崎市・横浜市・鎌倉市・藤沢市と進んできた東海道線は、神奈川県内5つ目の都市である茅ケ崎市に入る。茅ケ崎市の玄関口がこの茅ケ崎駅である。駅の開業は明治31(1898)年6月で、既に東海道線は全通していた。大正10(1921)年9月、相模鉄道相模線（現・JR相模線）の茅ケ崎～川寒川（後に廃止）間が開業し、連絡駅となっている。この相模線には北茅ケ崎駅がある。
　「茅ケ崎」の地名の由来は不詳だが、「茅」が生えている尖った土地の「崎」からきたともいわれる。明治41(1908)年、茅ケ崎村・鶴嶺村・松林村が合併して、高座郡茅ケ崎町が成立している。昭和22(1947)年に市制が施行され、現在の茅ケ崎市が誕生した。
　茅ケ崎といえば、沖合に立つ烏帽子岩（姥島）が有名である。高さは約20mで、烏帽子の形に見えることからその名がついた。サザンオールスターズのヒット曲「チャコの海岸物語」の歌詞に登場し、全国的にも知られるようになった。また、明治から昭和戦前期にかけては、「東洋一」といわれたサナトリウム（結核療養所）の「南湖院」（明治32年開院）も広く存在を知られていた。
　茅ケ崎駅のバス乗り場は北口・南口両方に設けられており、湘南台駅西口・平塚駅北口・藤沢駅北口・寒川駅南口などに向かう神奈川中央交通バスが主に発着している。

寝台特急「富士」（昭和61年）
現在東京発着をはじめ、全国的にも客車による定期運行の寝台特急は全廃されてしまった。「富士」は一時期、日豊線経由西鹿児島（現・鹿児島中央）まで運転され、長距離寝台特急の代名詞であった。

湘南色の211系（昭和61年）
113系に変わり東海道線の通勤輸送の主役となった211系。113系と同様にグリーン車も2両連結されている。E231系の導入により平成24年に撤退。

全車ダブルデッカーの215系（現在）
混雑が増す東海道線において、遠距離通勤客に着席乗車の機会を増やす目的で登場した215系。現在は「湘南ライナー」ほか中央東線の臨時快速などにも使用される。

相模線の205系（現在）
平成3年の電化と同時に増備された相模線の205系500番代。他の205系と異なり独特な前面や半自動ドアスイッチが特徴。

古地図探訪
昭和42年／茅ヶ崎駅付近

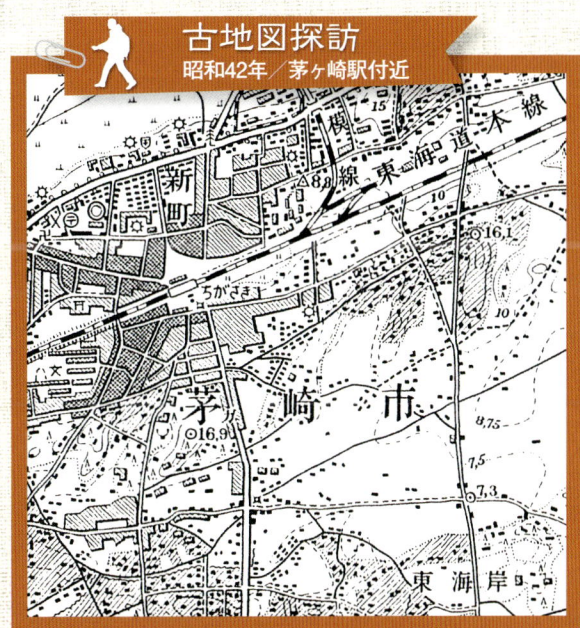

東海道線と相模線が分岐する茅ヶ崎駅周辺の地図である。東海道線の北側には、国道1号（東海道）が通っている。この地図では駅の北側、国道の南に見える茅ヶ崎市の市役所は、現在は国道の北に移転し、その北に総合体育館、市民文化会館も誕生している。相模線との中間には、茅ヶ崎中央公園も整備されている。一方、南側には県道310号茅ヶ崎停車場茅ヶ崎線が伸び、東海岸といった地名が見える。駅の南西にある「文」マークは昭和63（1988）年に開校した、茅ヶ崎市立茅ヶ崎小学校である。

見所スポット

氷室椿庭園
三井不動産の副社長を務めた氷室捷爾氏の庭園が平成3（2001）年に茅ヶ崎市に寄贈されて公開されている。200種類を超す椿で知られる。

茅ヶ崎中央公園
県道沿いのフラワーロードが目印になっている、四季の花が咲く広大な公園。中央部分には、芝・草地広場がある。

烏帽子岩（姥島）
茅ヶ崎市の沖合、1200mの場所にある。江戸時代には、幕府の相州炮術調練場の訓練の標的にされていた。

ひらつか
平塚

開業年	明治20(1887)年7月11日
所在地	平塚市宝町1-1
キロ程	63.8km(東京起点)
駅構造	地上駅(橋上駅)
ホーム	2面4線
乗車人員	61,486人

湘南で人口25万人、平塚市の玄関口
江戸の宿場町、昭和から七夕まつりも

平塚駅(昭和戦前期)
海水浴客でにぎわう夏の平塚駅前風景。「氷」の旗が風にたなびき、カンカン帽をかぶった男たち、家族連れが駅方向に向かっていく。

平塚駅北口(現在)
平塚駅の東口(中央口)の北口には、長大な駅ビル「ラスカ」がそびえる。駅前からは多くのバス路線が伸びている。

平塚駅南口(現在)
平塚駅は茅ケ崎側に東口、大磯側に西口が設けられ、東口が中心的な役割を果たしている。東口には北口改札と南口改札があって、それぞれに駅ビルがある。

　茅ケ崎市の玄関口だった茅ケ崎駅に続き、この平塚駅も平塚市内にある唯一の旅客駅である。平塚市の人口は約25万人であり、多くの市民が利用する街の玄関口となっている。平塚駅の開業は明治20(1897)年7月、国府津までの延伸時で、東海道線の古参駅のひとつである。江戸時代の平塚は、東海道の宿場町で、日本橋から数えて7番目にあたり、隣りは藤沢宿、大磯宿だった。浮世絵師の歌川広重による「東海道五十三次之内」の「平塚」では、高麗山(もろこしがはら)を背景にして唐ヶ原の縄手道(あぜ道)を歩く旅人の姿が描かれている。

　「平塚」の地名の由来にも諸説がある。『吾妻鏡』には「平塚」の地名が見え、ここに高見王の娘、政子の墓(平らな塚)があったという伝説も残されている。また、相模川の河口に「須賀(すか)」という港があることなどから、アイヌ語の「シラスカ」からきたともいわれる。現在の平塚市は昭和7(1932)年、中郡の平塚町と須馬町が合併して誕生した。

　平塚では毎年7月に開催される「湘南ひらつか七夕まつり」が有名である。昭和26(1951)年、仙台の仙台七夕まつりを模範として開始され、やがて平塚市主催の一大イベントに成長した。現在は「関東三大七夕祭り」のひとつに数えられている。

平塚駅の「ひので」（昭和34年）
修学旅行用電車は関東地区が「ひので」関西地区が「きぼう」の愛称で155系が活躍した。その後、関西増発用として「わかば」が、関東では「わかくさ」が167系で運転された。

撮影：小川峯生

東海道新幹線のドクターイエロー
正式な名称は「新幹線電気軌道総合試験車」923形。1カ月に3回程度の運行であり、時刻は非公開。鉄道ファンからは縁起物のような扱いを受けている。

橋梁を渡る113系（昭和60年）
湘南電車と呼ぶに相応しい113系は活躍期間も半世紀近くと長く、沿線住民にとって一番印象に残る車両であった。

古地図探訪
昭和42年／平塚駅付近

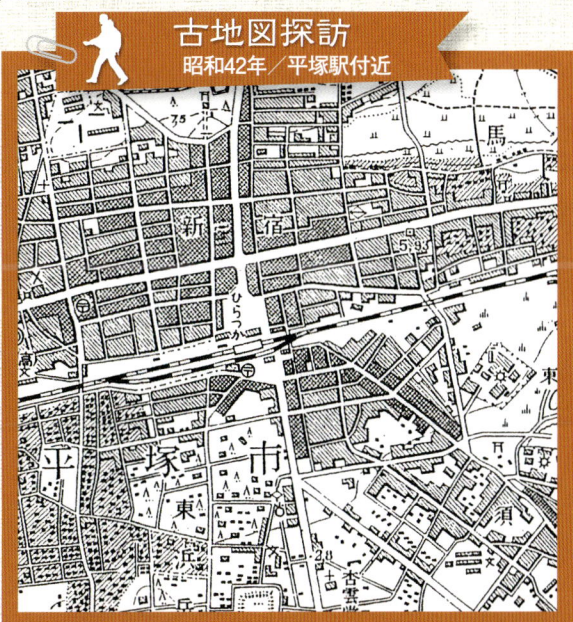

この平塚駅の北側を走る東西の道路が旧国道1号（東海道）であるが、現在はさらに北側、鳥居マーク（平塚八幡宮）の南側を新しい国道1号が走っている。平塚八幡宮の北方には日産車体の本社・平塚工場があり、現在はその西側に平塚市役所、平塚市中央図書館が置かれている。平塚駅に近い紅谷町にあった平塚郵便局もこの付近に移転した。一方、駅の南側には、結核療養所として発足した杏雲堂平塚病院（分院）があったが、現在は「ふれあい平塚ホスピタル」に変わっている。

橋梁を渡る251系（現在）
平成4年3月のダイヤ改正時に「踊り子」2往復を251系に置き換え「スーパービュー踊り子」と改称した。

見所スポット

馬入ふれあい公園
馬入川（相模川）の河川敷に設けられた運動公園。湘南ベルマーレの練習会場にもなっているサッカー場、体育館などの施設がある。

平塚市総合公園
旧農林省果樹試験場本場が移転した跡地に平成3（1991）年に開園した。平塚球場、平塚総合体育館のほか、子供向けのふれあい動物園もある。

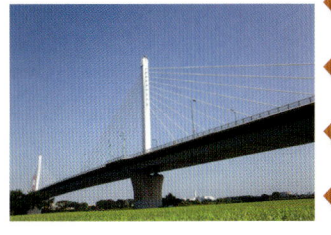

湘南銀河大橋
相模川に架かる湘南新道の斜張橋で、平成10（1998）年に暫定開通。平成19（2007）年、片側2車線で本供用された。

59

おおいそ
大磯

東海道8番目の宿場、明治20年に駅
著名人別荘、ロングビーチで全国区に

開業年	明治20(1887)年7月11日
所在地	神奈川県中郡大磯町東小磯1
キロ程	67.8km(東京起点)
駅構造	地上駅
ホーム	1面2線
乗車人員	7,928人

大磯駅、蒸気機関車(大正期)
蒸気機関車が牽引する東海道線の旅客列車。左手前まで大磯駅のホームが続いており、奥には跨線橋が見える。

大磯駅(昭和41年) 撮影:荻原二郎
別荘地の玄関口にふさわしい、瀟洒な駅舎をもっていた大磯駅。多くの要人、著名人がこの駅に降り立ち、日本の歴史を動かした。

大磯駅(現在)
海(南東)側に開けている大磯駅の駅舎。三角屋根が目印の地上駅で、2本の国道を越えれば、相模湾は目の前である。

大磯駅ホーム(昭和戦前期)
昭和7(1932)年に起こった坂田山心中事件は、「天国に結ぶ恋」として映画化され、大磯駅のホームはロケ地となった。

　大磯駅は、神奈川県中郡大磯町の玄関口。大磯町は現在、人口3万人余りの町ではあるが、歴史的に見れば、江戸時代には東海道の宿場が置かれた町であり、近代に入ると海沿いの保養地、別荘地として栄えた場所である。大磯町は明治22(1889)年の市町村制施行時から存在。

　大磯駅も藤沢駅・茅ケ崎駅などと同じ、明治20(1887)年7月の開業である。江戸時代に東海道8番目の宿場であったことから、横浜〜国府津間の延伸時に駅が設置されたのは自然の流れとも見えるが、当初は設置の予定はなく、西洋伝来の海水浴(療法)を導入するための駅だったともいわれる。

　大磯といえば、古くは西行の和歌で知られる鴫立庵が有名で、ここは「湘南」の呼び名の発祥の地とされている。また、明治時代には、大磯海水浴場が開かれ、日本最初の海水浴場ともいわれている(諸説あり)。伊藤博文や山県有朋、西園寺公望、戦後は吉田茂の別荘が置かれた場所でもある。

　こうした別荘はマンション建設などで姿を消しつつあるが、それに変わる観光(滞在)施設として、大磯ロングビーチや大磯プリンスホテルがある。屋外プールを中心とした大磯ロングビーチは昭和32(1957)年にオープンし、半世紀以上の歴史がある。

花水川橋梁（大正期）
大磯～平塚間の花水川に架かる東海道線の橋梁を急行列車がゆく。この上流には、東海道の名所だった花水橋がある。

大磯駅改札口（現在）
歴史ある大磯駅の駅舎は内部の空間が広く、大きな明かり取りの窓からは、改札口付近に湘南の光が差し込んでいる。

大磯駅ホーム（現在）
大磯駅の1・2番線ホームには、大きな時計が設置されて、乗降客に時を教えてくれる。

大磯町全景（昭和戦前期）
千畳敷（高麗山）から見た大磯町の全景。相模湾に面した景勝地で、別荘などが建ち並んでいた。手前には東海道線を走るSLの姿も。

大磯ビーチの案内看板（現在）
「湘南発祥の地」と書かれた大磯ビーチ（海水浴場）の看板。日本最古の海水浴場のひとつとして知られている。

古地図探訪
昭和42年／大磯駅付近

この大磯駅付近では、東海道（国道1号）が東海道線の南側を走り、逆L字形に曲がっている。その先に大磯漁港があり、照ヶ崎と呼ばれる場所に大磯町営照ヶ崎プールが存在している。その西側が歌人・西行の和歌で有名な鴫立沢で、現在は東海道の南に「鴫立庵」が残されている。この付近には現在、大磯町役場が置かれている。また、もうひとつの大磯の名所だったのがさらに西側の「滄浪閣（跡）」。明治中期に伊藤博文がここに別荘を置き、後に本宅とした場所である。伊藤の死後は売却されて、戦後は西武鉄道の所有となり、大磯プリンスホテルの別館となっていた。

見所スポット

高麗山公園
大磯町、平塚市にまたがる公園で、ハイキングコースにもなっている。標高約180メートルの山頂は湘南平と呼ばれ、展望台のある夜景スポットでもある。

大磯ロングビーチ
大磯プリンスホテルに隣接した屋外プールなどのあるレジャー施設。テレビ番組に登場することも多く、「アイドル水泳大会」の会場にもなった。

大磯城山公園「旧吉田茂邸地区」
首相を務めた吉田茂が晩年を過ごした邸宅は、火災により本邸が焼失したが、平成25（2013）年から日本庭園などが公開されている。

にのみや・こうづ

二宮・国府津

二宮の由来は相模二宮、川勾神社から
かつての本線主要駅、御殿場線分岐駅

二宮	
開業年	明治35(1902)年4月15日
所在地	神奈川県中郡二宮町二宮838
キロ程	73.1km(東京起点)
駅構造	地上駅(橋上駅)
ホーム	1面2線
乗車人員	14,102人

国府津	
開業年	明治20(1887)年7月11日
所在地	小田原市国府津4-1-1
キロ程	77.7km(東京起点)
駅構造	地上駅
ホーム	3面5線
乗車人員	6,370人

二宮駅（昭和戦前期）
吾妻山方面から見下ろした二宮駅。左手奥には跨線橋が見え、ホームには列車が停車している。上(奥)方が相模湾である。

二宮駅南口（現在）
おしゃれな外観を見せる二宮駅の南口。太平洋戦争下、この駅で父親を亡くした児童作家、高木敏子の『ガラスのうさぎ』像が建つ。

二宮駅北口（現在）
昭和57(1982)年に改築されて、橋上駅舎となった二宮駅。この北口とともに南口側にもバス乗り場がある。

　明治35(1902)年に開業した二宮駅には、明治から昭和初期にかけて、この駅と秦野を結ぶ湘南馬車鉄道(後に湘南軌道)が存在した。この湘南馬車鉄道は湘南軽便鉄道、湘南軌道と名称を変更した後、昭和12(1937)年に廃止されている。

　「二宮」の地名は二宮駅の西に位置する川勾(かわわ)神社に由来する。古くから二宮村があり、明治から昭和にかけては吾妻村となっていたが、昭和10(1935)年の町制施行を機に二宮町となっている。また、太平洋戦争における空襲を描いた髙木敏子の小説『ガラスのうさぎ』の舞台としても知られる。

　東海道線、御殿場線の分岐点である国府津駅はその昔、「つばめ」「さくら」といった東海道線を走る名列車(特急)が停車する主要駅だった。この当時、東海道線は国府津駅から西に向かう現在の御殿場線ルートが取られており、急勾配の山間区間用に、力のある蒸気機関車の増結が行われていたためである。開業は明治20(1887)年10月、横浜駅から延伸した東海道線の終着駅だった。明治22(1889)年2月に御殿場経由、静岡までの東海道線が開通している。

　「国府津」の地名、駅名の由来は「国府」と「津」が合わさったもので、「古宇津」とも記されていた。この地に相模国の国府(役所)のための港があった。国府津村は大正13(1924)年に国府津町となり、昭和29(1954)年に小田原市に編入されている。

国府津駅（昭和戦前期）

客待ちをする4台のタクシーが並ぶ国府津駅前。人影はまばらで、左手奥には「富士屋自動車株式会社」の大きな看板が見える。

御殿場線の313系（現在）

全線電化時に旧型国電の72系が登場したのは昭和43年、その後115系や113系が活躍して、現在はJR東海の313系が走っている。

国府津駅（現在）

現在の国府津駅の駅舎は、鉄筋コンクリート造りの4階建ての大きな建物で、駅前からは神奈川中央交通、箱根登山バスなどの路線バスが発着している。

古地図探訪
昭和42年／国府津駅付近

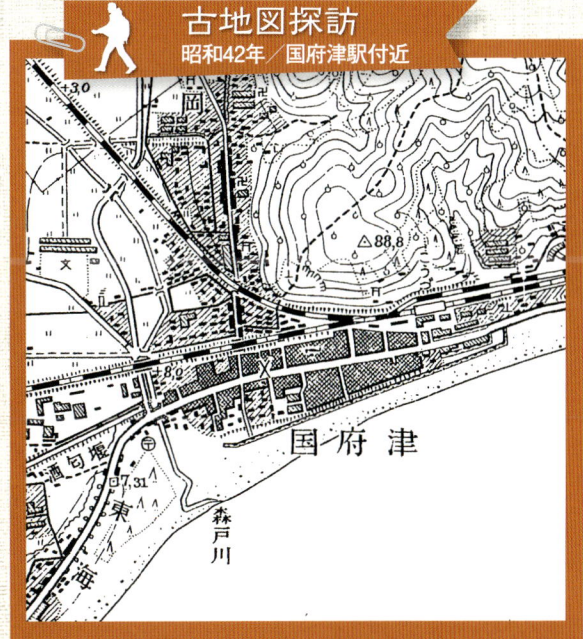

大磯丘陵の南側、相模湾に面した海岸線を走ってきた東海道線は、この国府津駅付近から足柄平野に入ってゆく。ここは既に小田原市内であり、国府津駅は旧東海道線、現在の御殿場線との分岐点でもある。また、この駅を過ぎると東海道線は、これまでは並行する形だった国道1号（東海道）と別れることになる。駅の西側を流れるのは森戸川、東海道に架かる橋は親木橋である。駅の北西にある鳥居の地図記号は「国府津の天神さん」と呼ばれる菅原神社で、この付近には、安楽院、光明寺といった寺院もある。

見所スポット

吾妻山公園（吾妻神社）
日本武尊が弟橘姫の遺品の笄を埋め、「吾妻はや」と嘆いたことから、その名がついた。公園は菜の花ウォッチングのイベント、富士山を望む絶景で知られる。

徳富蘇峰記念館
「国民新聞」を主宰したジャーナリスト、徳富蘇峰の記念館で、蘇峰宛の大量の書簡を保存している。梅園や水仙、牡丹の花でも知られる。

曽我梅林
「小田原梅まつり」が開催されている梅の名所。仇討で有名な曽我兄弟ゆかりの地に別所、原、中河原の3つの梅林がある。

かものみや
鴨宮

酒匂川信号所が大正12年、鴨宮駅に
新幹線モデル線、鴨宮基地が置かれた

開業年	大正12(1923)年6月1日
所在地	小田原市鴨宮30
キロ程	80.8km(東京起点)
駅構造	地上駅(橋上駅)
ホーム	1面2線
乗車人員	12,982人

酒匂川橋(明治後期)
鴨宮駅の西を流れる酒匂川に架かる酒匂橋。この橋の上を渡る東海道(国道1号)には、小田原電気鉄道(箱根登山鉄道)の電車が走っていた。

鴨宮駅南口広場
鴨宮駅には昭和51(1976)年、橋上駅舎が完成した。その後に開設された南口の駅前には広いロータリーが設けられた。

鴨宮駅南口(現在)
島式ホーム1面2線を有し、橋上駅舎となっている鴨宮駅の南口。駅前からは、小田原、国府津方面への路線バスが発着している。

　国府津駅を出た東海道線の普通列車は酒匂川を渡る手前で、鴨宮駅に停車する。ここは、駅誕生の前には酒匂川信号場(所)が置かれていた場所である。

　大正9(1920)年10月、当時の熱海線に酒匂川信号所が設置され、大正12(1923)年6月、駅に昇格して鴨宮駅と名付けられた。「鴨宮」の駅名・地名の由来となったのは、北西にある加(賀)茂神社の存在といわれる。ここは建久3(1192)年、源頼朝が妻・政子の安産祈願のため神馬を奉納した神社として知られる。

　鴨宮を全国的に有名にしたのは、東海道新幹線モデル線の鴨宮基地である。東海道新幹線が開業する前の昭和37(1962)年から2年間、神奈川県の小田原市と綾瀬町(現・綾瀬市)を結ぶ約30kmのモデル線が建設され、西端付近に「モデル線鴨宮基地」が設置された。現在、鴨宮駅南口には「新幹線の発祥地・鴨宮」の記念碑が建てられている。

鴨宮モデル線の横を走る特急「つばめ」（昭和38年）
新幹線開業を前にして製造された試験電車。写真の2両編成は1000形A編成と呼ばれ、試験終了後は941形救援車へと改造された。他に4両編成のB編成も在籍していた。

「新幹線発祥の地・鴨宮」記念碑
平成21（2009）年、鴨宮駅南口にモデル線の鴨宮基地が置かれたことを記念する「新幹線発祥の地・鴨宮」記念碑が建てられた。

御殿場線

　現在は単線で、ローカル線の趣が漂う御殿場線だが、平坦な熱海ルートの開業以前は東京・静岡間を結ぶ幹線ルートであり、東海道線の一部だった。

　明治22（1889）年2月、国府津～沼津間の約60kmの区間が開通し、途中駅として松田、山北、小山（現・駿河小山）、御殿場、佐野（現・裾野）の5駅が開業した。このときは単線だったものの、徐々に複線化が進められ、明治34（1901）年には全線が複線となった。しかし、昭和9（1934）年の丹那トンネル開通で、幹線ルートから外れ、御殿場線に改称されると利用者数は減り、太平洋戦争中に単線となった。

　この線の特徴は勾配がきつく、当時の蒸気機関車の力では、長い客車、貨車を牽引することができなかった。そのため、国府津・沼津の両駅で蒸気機関車を増結し、御殿場駅で解放していた。戦後は気動車が導入され、昭和43（1968）年に電化された。

小田急線に乗り入れるJR東海の371系。主に特急「あさぎり」に使用された。（平成24年）

富士山を背に走るD52形蒸気機関車。四季を通じて自然の移り変わりが楽しめるのが御殿場たる所以。（昭和40年）

電化前に活躍していた小田急から乗り入れの気動車、昭和43年に引退し、関東鉄道に譲渡された。（昭和40年）

65

おだわら

小田原

北条氏居城の小田原城、東海道の要地
JR駅は大正9年、熱海線開通で誕生

開業年	大正9(1920)年10月21日
所在地	小田原市栄町1-1-9
キロ程	83.9km(東京起点)
駅構造	地上駅(橋上駅)
ホーム	在来線2面4線(JRのみ)、新幹線2面2線
乗車人員	34,602人

小田原駅東口(昭和60年)
戦前から変わらぬ姿をとどめていた小田原駅東口の駅舎。東海道新幹線が開業して停車駅となったことで、西口方面も開発されてゆく。
提供:小田原市

小田原電気鉄道、電車乗り場(昭和30年)
明治以来、地元の人々の足となってきた箱根登山鉄道小田原市内線は昭和31(1956)年に廃止された。
提供:小田原市

小田原駅東口(現在)
小田原城がある古い市街、栄町方面に開いている東口。駅ビルとなっている小田原ラスカの前にロータリー、バス乗り場がある。

　江戸時代、小田原は東海道を代表する宿場町であり、現在は東海道線・東海道新幹線・小田急線・箱根登山鉄道・伊豆箱根鉄道の連絡駅である。しかし、国鉄の小田原駅が開業したのは大正9(1920)年10月で、その歴史は100年に満たない。これは当時の東海道線が国府津から御殿場をへて沼津に至る、現在の御殿場線のルートをとっていたからである。
　国鉄小田原駅の開業以前、国府津と小田原・熱海を結ぶ海岸線のルートには、小田原馬車鉄道(後に小田原電気鉄道→箱根登山鉄道小田原市内線)や豆相人車鉄道(後に熱海鉄道)があり、観光客などを運んでいた。しかし、それらは熱海線(現・東海道線)の建設などで乗客が減り、現在はいずれも廃止されている。
　大正9年に開業した当初、小田原駅は熱海線の終着駅だったが、やがて途中駅となり、現在のような東海道線の主要駅となった。また、昭和2(1927)年に小田原急行鉄道(現・小田急)、昭和10(1935)年に大雄山鉄道線と箱根登山鉄道が乗り入れるようになった。
　小田原の地名の由来には諸説がある。古来、この地は「小由留木(こゆるぎ)」と呼ばれていたが、その草書体が読み間違えられたという説が存在する。また、原野を開墾して小田になったという説、田原や野原が続いていたからという説などもある。

小田原市内を走るモハ204（昭和30年頃）
東急玉川線を走っていたモハ204は戦後、箱根登山鉄道に譲渡されて小田原市内線を走っていた。本町の分岐点付近か。

小田原駅に停車中のEF15形と113系電車（左）（昭和49年）
撮影：岩堀春夫

EF15形は昭和22～33年に202両が量産された貨物用の電機。113系電車は中距離通勤型で、関東では東海道、横須賀、総武線等で活躍した。

小田原付近の113系（昭和60年）
現在では東京駅からの東海道線普通列車の運転最長区間は沼津までだが、以前は静岡行きや浜松行きなども運転されていた。

古地図探訪
昭和42年／小田原駅付近

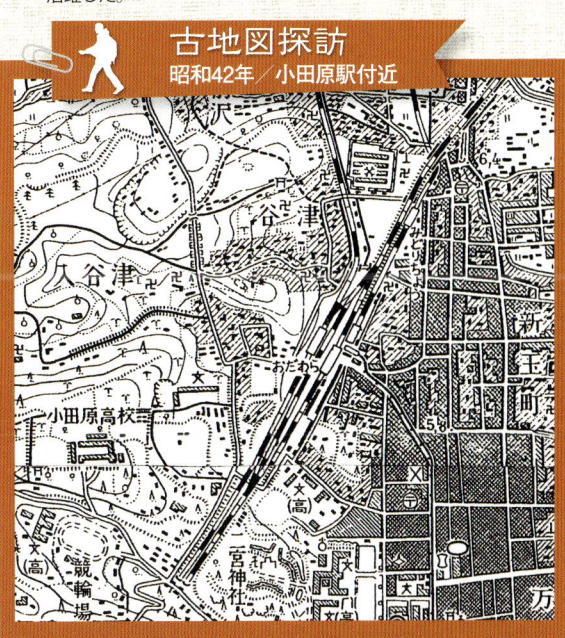

小田原駅の東側には市街が広がっているのに対して、西側には小田原高校や明徳学園相洋高校、城山中学校、小田原競輪場などが見えるものの、現在のようなマンション、住宅地の姿は少なかった。この方面の丘陵地には、大久保神社、浄永寺、永久寺などが点在している。駅の南側には観光名所である小田原城、報徳二宮神社が存在し、私立旭丘高校のキャンパスがあるが、市役所は現在、駅の北に移転している。また駅北側には、小田急小田原線、伊豆箱根鉄道大雄山線の線路が伸び、後者の線上には緑町駅が置かれている。

小田原城の豆電車（昭和30年）
提供：小田原市

小田原城址公園には天守閣のほかに遊園地があり、かわいい豆汽車が子供たちに人気となっている。

見所スポット

小田原城
戦国時代には北条氏の居城であり、豊臣秀吉の小田原攻めで落城した。江戸時代には大久保氏の居城となり、東海道の要地を固めていた。

報徳二宮神社
江戸時代の農政家、思想家として知られ、多くの銅像になっている二宮尊徳を祀る。尊徳は「報徳思想」を唱え、農村の復興に尽くした。

辻村植物公園
園芸家、登山家として知られる辻村伊助ゆかりの植物公園で、梅の名所として知られる。明治40年代に創立された、辻村梅園が前身である。

はやかわ・ねぶかわ

早川・根府川

大正11年、熱海線に早川駅と根府川駅
国鉄以前に、豆相人車鉄道の駅が存在

早川

開業年	大正11(1922)年12月21日
所在地	小田原市早川1-16-1
キロ程	86.0km(東京起点)
駅構造	地上駅
ホーム	1面2線
乗車人員	1,438人

根府川

開業年	大正11(1922)年12月21日
所在地	小田原市根府川109
キロ程	90.4km(東京起点)
駅構造	地上駅
ホーム	2面3線
乗車人員	639人

早川駅のE231系(現在)
老朽化の進んでいた103系、113系、115系の淘汰を目的に製造された新系列車両。山手線、中央・総武緩行線、常磐快速線などにも導入された。

早川駅(現在)
早川駅の駅舎の左側には、立派な松の木と石碑が建つ。また、右側には臨時口とともに、旧式のポストと自動販売機が設置されている。

小田原漁港(昭和30年)
提供：小田原市
ブリ定置網が全国的に有名で、昭和20～30年代には最盛期を迎え、早川にある小田原漁港も大いに賑わった。

初期タイプの113系(昭和41年)
撮影：荻原二郎
準急用の153系に対して中距離普通列車用として111系・113系が東海道線に登場。混雑時の乗降を考慮して両開きの3ドアでセミクロスシートとした。

　国鉄の早川駅は大正11(1922)年12月の開業であるが、それ以前には豆相人車鉄道(後に熱海鉄道)の早川駅が存在した歴史をもつ。この早川の地名・駅名は付近を流れる早川の名に由来する。早川は箱根の芦ノ湖を源として東に流れ、相模湾に注ぐ二級河川である。その河口付近にあたるのが小田原市早川で、付近には小田原漁港もある。早川を挟んだJR駅の対岸のやや上流には、箱根登山鉄道の箱根板橋駅が置かれている。

　早川駅を出た東海道線は、相模湾沿いにトンネル区間を挟みながら南に進む。歴史に名高い石橋山古戦場を過ぎれば、まもなく次の根府川駅である。この駅も早川駅と同じ大正11年12月の開業で、豆相人車鉄道の駅が存在した歴史も同様である。また、関東大震災時には駅舎とホーム、進入中の列車が海中に没し、多くの犠牲者が出た歴史もある。この付近は、「根府川石」と呼ばれ、江戸城の築城にも使われた石材の産地だった。

　現在は小田原市の一部となっている両駅付近は、明治時代には早川村、根府川村が置かれ、昭和時代にそれぞれ、小田原市に編入されている(根府川村は、片浦村をへての編入である)。

根府川駅（昭和41年）
現在とほとんど変わらない姿の根府川駅の駅舎。駅前の売店は撤退し、その代わりに2台の自動販売機が設置されている。

撮影：荻原二郎

根府川駅（現在）
東海道線では珍しい無人駅であり、利用者も少ない根府川駅。高度差も大きく、ホームは崖の下、駅舎は崖の上に建つ。

「あまぎ」に使用された157系（昭和50年）
昭和44年に東京～伊豆急下田間を結ぶ最初の特急としてデビュー。活躍は183系導入まで続き、昭和51年に終焉を迎えた。

撮影：長門朗

特異な前面デザインの251系（現在）
平成2年伊豆方面へのリゾート用列車としてJR東日本が導入した特急形車両。全車がハイデッカーまたはダブルデッカーとなっている。

見所スポット

石橋山古戦場
鎌倉幕府を開く前の源頼朝が平氏方と戦った石橋山の戦いの舞台となった場所。東海道線のトンネルの上に石碑が建つ。

小田原漁港
「早川漁港」とも呼ばれる、小田原市早川にある漁港。付近には、観光客のための小田原さかなセンターもある。

早川のビランジュ
早川駅の北約1km、石垣山の中腹にある樹齢300年のビランジュの巨木。国の天然記念物に指定されている。

まなづる

真鶴

大正11年に開業、約2年間は終着駅
真鶴半島に真鶴岬、中川一政美術館も

開業年	大正11(1922)年12月21日
所在地	神奈川県足柄下郡真鶴町真鶴1824
キロ程	95.8km(東京起点)
駅構造	地上駅
ホーム	1面2線
乗車人員	3,574人

真鶴駅(昭和41年)
貨物、荷物の取り扱いが行われていた頃の真鶴駅。利用者が少なくなったことで、駅前の売店は現在、なくなっている。
撮影:荻原二郎

真鶴駅(現在)
茶色い瓦屋根が印象的な真鶴駅の駅舎。この駅舎とホームは地下通路で連絡している。快速アクティーも停車する。

真鶴付近の153系(昭和51年)
80系の後継車両の153系は昭和33年に登場。昭和36年には伊豆急行開業と同時に東京〜伊豆急下田までの直通運転も開始した。
撮影:伊藤威信

真鶴駅のホーム(現在)
湘南カラーの緑とオレンジに塗られている真鶴駅の駅名表示板。停車している列車のボディーカラーと調和している。

　この真鶴駅は関東大震災前年の暮れ、大正11(1922)年12月に国府津〜真鶴間の開通時に熱海線(現・東海道線)の終着駅として開業している。関東大震災を挟んだ大正13(1924)年10月、湯河原まで延伸して途中駅になっている。この国鉄線の開通前、明治・大正期には豆相人車鉄道(後に熱海鉄道)の真鶴駅が存在し、一時期には連絡駅となっていた。
　真鶴の地名・駅名には「まなづる」「まなつる」の両方の読み方がある。現在は自治体名(真鶴町)を含めて、前者が一般的だが、駅の所在地の「真鶴町真鶴」は「まなづる町・まなつる」となっている。地名の由来は、真鶴半島、真鶴岬の形が、鶴が羽を広げた形に似ていること。明治時代以前から真鶴村が存在し、駅誕生後の昭和2(1927)年に町制が施行されている。一時、湯河原町との合併計画が進行していたが、住民投票の結果、白紙に戻された。この真鶴は古くから、上質の石材である小松石の産地として有名で、ミカンの栽培でも知られる。
　真鶴駅周辺には真鶴岬のほか、町立中川一政美術館など観光スポットが点在している。この真鶴駅には、湯河原駅や中川一政美術館などに向かう箱根登山バス・伊豆箱根バス・湯河原町コミュニティバスの乗り場が設置されているが、いずれも本数は少なく、タクシーを利用する人も多い。

真鶴付近、急行を牽引するEF58形電機(昭和31年)
EF58形は昭和21～33年に172両が量産され、東海道・山陽・高碕・上越・東北の各線で華やかに活躍した。昭和61～平成21年に全車引退。

撮影：荻原二郎

真鶴駅のEF53形電機 (昭和14年)
昭和7～9年に東海道線用に19両を新製、戦後は主に高崎線で使用後、山陽線の勾配用補機EF59形に改造された。昭和57年以降に廃車。

古地図探訪
昭和42年／真鶴駅付近

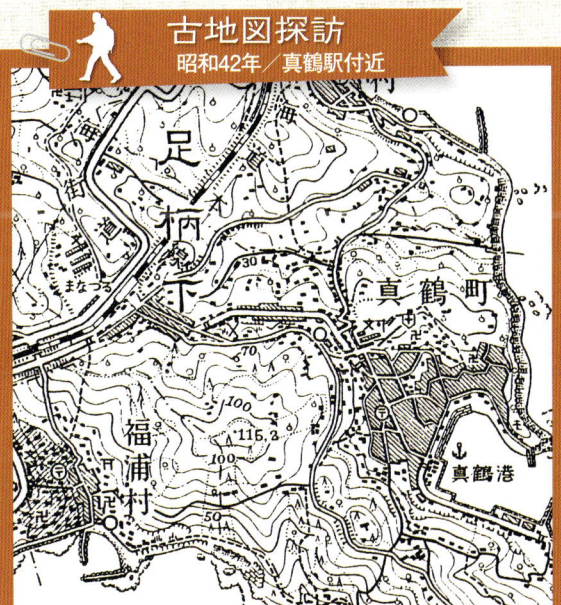

地図上に見える「足柄下」は、真鶴町がある神奈川県「足柄下」郡のことで、この当時は福浦村と岩村があったが、現在は真鶴町・湯河原町の一部になっている。東海道線のほかには、国道135号、神奈川県道740号小田原湯河原線が通っており、現在は真鶴道路(真鶴ブルーライン)が地図中央付近を縦断している。東側には真鶴港があり、真鶴マリーナも存在するが、以前は一部に砂浜がある天然の入り江だった。また、西南の福浦村(現・湯河原町福浦)には福浦魚港がある。

貴船神社の船祭り(現在)
真鶴町には大国主神などを祀る貴船神社があり、7月に行われる例祭は「貴船祭り」として「日本三船祭」のひとつといわれる。

見所スポット

真鶴町立中川一政美術館
真鶴町にアトリエを構えていた洋画家、中川一政の作品を展示する美術館。ゆかりの場所で、作品約600点と所蔵品だった東洋書画を展示する。

真鶴町立遠藤貝類博物館
貝類研究家、遠藤晴雄が収集し、真鶴町に寄贈した貝類コレクション5万点を公開する博物館。海の学校も開校している(要予約)。

真鶴岬
真鶴半島先端部にある岬。「森林浴100選の森」に選ばれた森、「日本の重要湿地500」になっている沿岸部があり、遊歩道も整備されている。

71

ゆがわら
湯河原

箱根と並ぶ、神奈川を代表する温泉地
関東大震災後、熱海線の駅が誕生した

開業年	大正13(1924)年10月1日
所在地	神奈川県足柄下郡湯河原町宮下670
キロ程	99.1km(東京起点)
駅構造	地上駅
ホーム	1面2線
乗車人員	6,101人

湯河原駅(昭和41年)
現在の駅舎に変わる前の湯河原駅は、山を背景にして、いくつもの屋根を組み合わせた美しい姿の木造駅舎だった。
撮影:荻原二郎

湯河原駅(現在)
湯河原温泉の旅館、ホテルに向かう観光客を待つタクシーが目立つ湯河原駅。神奈川最南端の駅で、路線バスも小田原・真鶴・熱海駅などに向かう。

寝台特急「はやぶさ」(昭和60年)
昭和33年に東京~鹿児島間で運転を開始。当時は他に寝台特急で「あさかぜ」「平和」寝台急行で「銀河」「明星」「月光」「彗星」などが活躍していた。
撮影:岩堀春夫

　この湯河原駅までは神奈川県で、隣りの熱海駅は静岡県となる県内最南端の駅である。開業は大正13(1924)年10月、熱海線(現・東海道線)の真鶴~湯河原間の延伸時である。大正14(1925)年3月に湯河原~熱海間が開通している。
　湯河原といえば、「箱根」と並ぶ神奈川県(相模国)を代表する名湯であり、「熱海・湯河原」として東海道線沿線を代表する温泉として語られることも多い。駅の南側を流れる千歳川沿いにある湯河原温泉には複数の開湯伝説があり、早くも奈良時代の万葉集で「足柄の土肥の河内に出ずる湯」と歌われている。明治時代以降は国木田独歩や夏目漱石、島崎藤村、芥川龍之介ら文豪が愛した温泉として名作執筆の地ともなっている。
　この地は鎌倉時代、源頼朝に仕えた武将、土肥実平の領地であり、相模国土肥郷と呼ばれていた。明治時代には土肥村、吉浜村などが置かれ、大正15(1926)年に土肥村が湯河原町になっている。昭和30(1955)年、この湯河原町と吉浜町(村)、福浦村が合併し、現在のような湯河原町が発足した。北西側の真鶴町と隣接するのが旧福浦村で、福浦漁港がある。同じく北西側の新崎川が流れる河口あたりが旧吉浜町の地区である。

熱海鉄道湯河原駅（大正時代）
小田原・熱海間を結んでいた軽便鉄道、熱海鉄道の湯河原駅。小さな蒸気機関車が湯治客などを輸送していたが、関東大震災で不通となり、廃止された。

湯河原付近の211系（昭和62年） 撮影：岩堀春夫
113系に比べると存在感が薄かった211系だが、同じ東海道線の名古屋口や静岡口及び中央西線でも通勤・地域輸送に貢献した。

丹那トンネル

　東海道線は、静岡県に入った熱海駅までがJR東日本、その先の函南駅から西がJR東海の管轄となる。両駅の間には長さ7,804メートルの丹那トンネルがあり、正式な境目となるのはこの丹那トンネルの東口付近である。

　丹那トンネルは大正7（1918）年に着工され、実に16年の歳月をかけ、昭和9（1934）年に完成した。総工費は2600万円（当時）、事故による犠牲者は67人を数えた。

　このトンネルの完成、ルート変更により、東海道線は約11.8km短縮され、補助機関車の増結の必要もなくなった。丹那トンネルは長いトンネル区間となることから、蒸気機関車の煙を排出することが困難なため、開通時から直流で電化されていた。また、函南駅と三島駅はトンネル開通時に誕生した新しい駅であり、旧東海道（御殿場）線上にあった初代三島駅は「下土狩」に駅名が改称された。

古地図探訪
昭和42年／湯河原駅付近

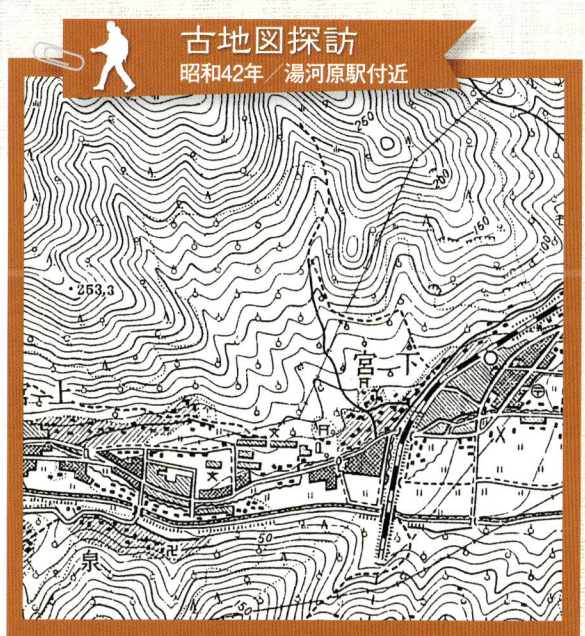

湯河原駅から南西に向かう東海道線の南側には湯河原の街が広がる。東海道線は市街地を通り、千歳川に架かる橋梁を渡るとトンネル区間に入る。一方、湯河原の温泉街は千歳川沿いの上流方向に広がっている。現在は東海道新幹線が通っている西側には、町立湯河原小学校の「文」マークが見える。現在はこの付近に、かぼちゃ美術館が誕生している。さらに上流、2つの川の合流地点のそばにあるのが湯河原（現・湯河原温泉）郵便局、熊野神社である。この先には、温泉街があり、足湯施設「独歩の湯」がある万葉公園も整備されている。

丹那トンネル付近を走る特急「つばめ」（昭和戦前期）

丹那トンネルの内部（昭和戦前期）

あたみ

熱海

日本を代表する温泉・観光地の玄関駅
新幹線も停車、伊豆方面へは伊東線が

開業年	大正14(1925)年3月25日
所在地	熱海市田原本町11−1
キロ程	104.6km（東京起点）
駅構造	地上駅
ホーム	在来線3面5線、新幹線2面2線
乗車人員	JR東日本9,499人、JR東海4,260人

熱海駅（昭和戦前期）
大正14(1925)年に開業し、湯の町・熱海の新しい玄関口となった国鉄の熱海駅。タクシー、バスの集まる駅となっていた。

熱海駅（現在）
熱海駅は平成23(2011)年に仮駅舎が建てられ、平成26(2014)年10月から新駅舎、駅ビルの建て替え工事が行われている。

熱海駅に進入する新幹線0系（昭和60年）
開業時から活躍してきた0系。東海道からは平成11年に営業運転が終了したが、山陽では平成20年まで短編成で運行された。

　国鉄の熱海駅が開業したのは関東大震災後の大正14(1925)年3月であり、それほど歴史は古いわけではない。当初は神奈川県側の国府津駅から伸びる熱海線の終着駅だった。しかし、それ以前の明治中期には熱海と湯河原・小田原を結ぶ豆相人車鉄道（熱海鉄道）の路線があり、人力（後に蒸気機関車）による温泉客の輸送が行われた。

　東海道線の新ルートが開通して、東海道線の駅となるのは昭和9(1934)年12月である。世紀の難工事だった丹那トンネルが完成し、熱海〜沼津間が結ばれて同線の主要駅となり、昭和10(1935)年3月には伊東線の熱海〜網代間が開通した。昭和39(1964)年10月には東海道新幹線が開業し、その停車（連絡）駅となっている。

　熱海（阿多美）という地名、駅名の由来は文字通り「熱い海」で、海中から熱い湯が沸いていたことによる。奈良時代、魚類が焼かれる被害を漁師から知らされた万巻上人が、祈願により温泉を地上に移したのが現在の大湯で、湯前権現（現・湯前神社）の始まりといわれる。

　古くから湯治場として栄えた場所で、明治時代には尾崎紅葉の代表作『金色夜叉』で寛一・お宮の別れの名場面（熱海海岸）の舞台になるなど人口に膾炙していた。また、現在のように海外旅行が盛んになる前は新婚旅行のメッカとしても有名だった。

熱海軽便7号機（現在）
明治時代から熱海を走っていた熱海軽便鉄道7号機は現在、熱海駅前付近の歩道上に保存、展示されている。

伊豆急行2100系（現在）
2100系「アルファ・リゾート21」は観光客を見込んだ豪華な設備が売りの車両。先頭車に展望席を設置し、海側の景色を見やすくするため座席配列が独特になっている。

JR東海の313系（現在）
熱海以西の東海道線では写真の313系や311系が主に運用に就く。中央西線・身延線・御殿場線などでも活躍し、平成27年からは電化された武豊線でも運行を開始した。

伊豆急行8000系（現在）
東急電鉄からの譲渡車両。機構は基本的に東急時代のままでありトイレが新設されたこの車両は平成17年から運転を開始しJR伊東線にも乗り入れる。

古地図探訪
昭和42年／熱海駅付近

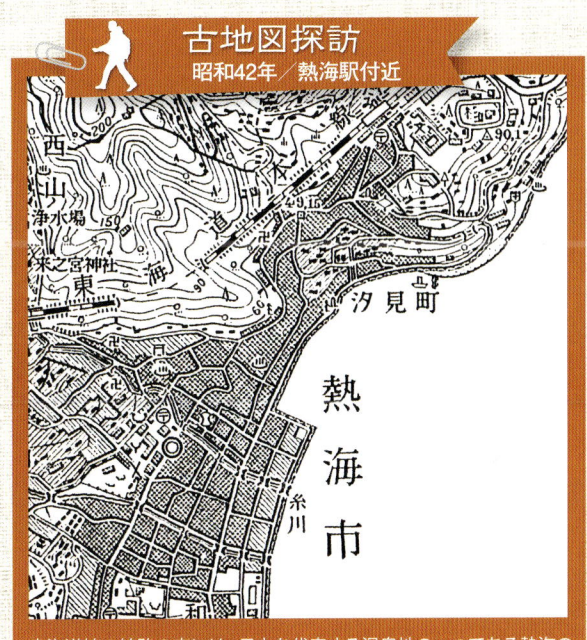

東海道線の線路の南には、日本を代表する温泉地の一つである熱海の街が広がっている。トンネル区間に挟まれた形で設置されているのが熱海駅である。駅の南西、東海道線のトンネル部分の南側にある鳥居マークは藤森稲荷神社、その南には熱海市役所と熱海ニューフジヤホテルがある。一方、地図の西側には、来之宮神社がある。熱海からは伊東線が分かれており、この来宮付近までは東海道線と並行して走っているが、来宮駅は東海道線には存在せず、伊東線だけの駅となっている。

見所スポット

MOA美術館
国宝3件、重要文化財60件以上を所蔵する私立美術館。尾形光琳の「紅白梅図屏風」が有名で、能楽堂、2つの茶室もある。

親水公園
熱海の海岸線に広がる公園で、地中海の海岸をイメージしたスカイデッキ、レインボーデッキ、渚デッキやムーンテラスなどに立ち寄れる。

寛一・お宮の像
「熱海の海岸散歩する・・・」で知られる尾崎紅葉の小説『金色夜叉』のハイライト（別れの場面）になった場所。国道135号沿いにある。

にしおおい・むさしこすぎ・しんかわさき

西大井・武蔵小杉・新川崎

品鶴線に西大井、武蔵小杉、新川崎駅
横須賀線、湘南新宿ラインが停車する

西大井

開業年	昭和61(1986)年4月2日
所在地	品川区西品川1-3-2
キロ程	3.6km(品川起点)、10.4km(東京起点)
駅構造	高架駅
ホーム	2面2線
乗車人員	15,483人

武蔵小杉

開業年	昭和19(1944)年4月1日
所在地	川崎市中原区小杉町3-492
キロ程	10.0km(品川起点)、16.8km(東京起点)
駅構造	高架駅
ホーム	横須賀線1面2線
乗車人員	115,262人

新川崎

開業年	昭和55(1980)年10月1日
所在地	川崎市幸区鹿島田1-2-1
キロ程	12.7km(品川起点)、19.5km(東京起点)
駅構造	地上駅(橋上駅)
ホーム	1面2線
乗車人員	25,392人

西大井駅(現在)
西大井駅は昭和61(1986)年、品鶴線上に設置された。東海道新幹線の高架下にある駅となっている。

旧蛇窪信号場付近(現在)
左方向が東海道線(品鶴線)で横須賀線などが走り、右にカーブする線路は大崎に向かい湘南新宿ラインなどが使用する。近隣に東急大井町線の下神明駅がある。

新川崎駅(現在)
この改札口がある橋上駅舎からは、新鶴見信号所を越える鹿島田跨線橋が西に伸び、その先に駅前商店街が形成されている。

新川崎駅前、商店街(昭和55年)
昭和55(1980)年、地元の鹿島田の駅前通商店街も、品鶴線上の新駅開業を祝って飾り付けを行った。

　東海道線の支線の通称である品鶴線の線上に置かれ、横須賀線、湘南新宿ラインの列車の停車駅となっているのが西大井駅である。この西大井駅は昭和61(1986)年4月に開業し、隣駅となっているのは、横須賀線では品川、湘南新宿ラインでは大崎である。接続する他線の駅はなく、駅西南には初代総理大臣、伊藤博文の墓所が存在する。

　品鶴線が南武線と交差する付近に新しく設置されたのが武蔵小杉駅である。ここには既に昭和2(1927)年から、南武鉄道(現・JR南武線)のグラウンド前、武蔵小杉の2つの停留場が存在しており、昭和19(1944)年に国有化された際に前者が駅に昇格して武蔵小杉駅となり、後者は廃止された。また、昭和20(1945)年には、東急の武蔵小杉駅が開業している。

　南武線の駅東側を通る品鶴線上に、横須賀線の武蔵小杉線が開業したのは平成22(2010)年3月。同時に湘南新宿ラインの列車なども停車するようになった。平成23年には、南武線、横須賀線を結ぶ正規連絡通路が完成。

　新川崎駅は昭和55(1980)年10月に品鶴線上に開業し、横須賀線の列車の停車駅となった。この駅は川崎市幸区鹿島田1丁目に位置し、すぐ東側(同町内)に南武線の鹿島田駅が存在するものの、別名の「新川崎」が駅名に選ばれ、付近には地名も生まれている。

新鶴見機関区（現在）
川崎市幸区の新鶴見信号場構内にあるJR貨物の車両基地・乗務員基地である。主に電気機関車が配置され、関東地方の幹線を中心に高速貨物列車などの牽引にあたる。

武蔵小杉駅のE217系（現在）
登場時から帯の色は113系時代と同じ「スカ色」を採用してきたが、近年の更新工事の際、帯のブルーはやや明るいものに変更された。

新幹線と並ぶ253系（平成20年）
平成3年に登場。「成田エクスプレス」として約20年間活躍し、その座をE259系に譲った。現在は東武鉄道へ直通する「日光」「きぬがわ」などで運用される。

武蔵小杉駅横須賀線口（現在）
横須賀線（湘南新宿ライン）の武蔵小杉駅は島式ホーム1面2線の高架駅で、従来からあった南武線の駅とは連絡通路で結ばれている。

見所スポット

伊藤博文墓所
西大井駅近くにある初代総理大臣、伊藤博文の墓所。正門前には石碑が建つ。内部は普段は公開されておらず、秋に一般公開が行われている。

川崎市市民ミュージアム、等々力球場
中原区の等々力緑地内には、川崎市市民ミュージアム、川崎市等々力球場などがある。市民ミュージアムは、漫画コレクションの収集で知られる。

夢見ヶ崎動物公園
幸区南加瀬1丁目にある川崎市立の動物公園。猛獣やゾウ、キリンなどの大型動物は飼育せず、レッサーパンダやミーアキャットなど小動物の展示が中心だ。

きたかまくら・かまくら

北鎌倉・鎌倉

古都の玄関口、古寺めぐりの北鎌倉駅
明治22年、横須賀線に鎌倉駅が誕生

北鎌倉

開業年	昭和2年5月20日
所在地	鎌倉市山ノ内501
キロ程	2.3km（大船起点）、51.7km（東京起点・品鶴線経由）
駅構造	地上駅
ホーム	2面2線
乗車人員	8,964人

鎌倉

開業年	明治22(1889)年6月16日
所在地	鎌倉市小町1-1-1
キロ程	4.5km（大船起点）、53.9km（東京起点・品鶴線経由）
駅構造	地上駅
ホーム	1面2線
乗車人員	42,841人

撮影：荻原二郎

北鎌倉駅（昭和41年）
現在も、戦前からの駅舎がそのまま使用されている北鎌倉駅。自動券売機の設置はあるものの、外観はほとんど変わらない。駅の隣（右側）の和菓子店も健在だ。

北鎌倉駅（現在）
平成9(1997)年、「関東の駅100選」に選ばれた北鎌倉駅。選定理由になった「古都鎌倉にふさわしく、静かで素朴な駅」という雰囲気が漂う。

新系列近郊電車のパイオニアE217系（現在）
平成6年に登場。セミクロスシート、トイレの設置、グリーン車連結など横須賀・総武快速線に相応しい設備としている。内房・外房・成田・鹿島線に乗り入れる運用もある。

北鎌倉付近の115系（昭和60年）
鎌倉への観光のため宇都宮・高崎線の115系も助っ人として運用された。この形式は湘南新宿ラインでも使われたことがある。

　北鎌倉駅は昭和2(1927)年5月、臨時駅（5〜10月）の北鎌倉仮停車場として開業した。昭和5(1930)年10月に駅へと昇格し、北鎌倉駅となった。当時は鎌倉郡小坂村で、大船町をへて、昭和23(1948)年、鎌倉市に編入された。

　この駅の周辺には「鎌倉五山」の円覚寺、建長寺や明月院、東慶寺などがあり、休日には多くの観光客が利用する。平成9(1997)年、「関東の駅百選」に選定されている。

　鎌倉駅は明治22(1889)年6月、官設鉄道（現・横須賀線）の大船・横須賀間の開通時に誕生している。当時は単独駅だったが、明治43(1910)年に現在の江ノ電の前身、江之島電気鉄道が開通し、小町（現・鎌倉）駅が誕生したこ

とで連絡駅となっている。この小町駅は駅東口方面にあり、現在地に移転したのは昭和24(1949)年である。

　「鎌倉」といえば、鎌倉幕府、鎌倉時代などで知らない人のない地名、駅名であろう。その由来には諸説あり、「鎌(かまど)」と「倉(谷)」が合わさったという説、アイヌ語から来たという説、神武天皇や藤原鎌足の逸話に由来するといった説などがある。明治11(1878)年には神奈川県に鎌倉郡が置かれ、明治27(1894)年には東鎌倉村、西鎌倉村が合併して鎌倉町が誕生。昭和14(1939)年、鎌倉町と腰越町が合併して鎌倉市が生まれた。また、鎌倉郡は昭和23年、大船町が鎌倉市に編入されるまで存在した。

鎌倉駅東口（昭和戦前期）
蒸気機関車の黒煙が屋根の上にみえる戦前の鎌倉駅。この頃から、古都の玄関口にふさわしい洒落た駅舎が観光客を迎えていた。

鎌倉駅東口（現在）
広いバス乗り場があり、常に観光客でにぎわっている鎌倉駅東口。江ノ島、藤沢を結ぶ江ノ電とは、構内の改札口で乗り換えができる。

北鎌倉駅に停車しているメモリアル号（平成11年）
平成11年11月11日に横須賀線113系メモリアル号が運転された。11号車にはクハ111-1111を連結。翌月に横須賀・総武快速線から113系が引退した。

JR鎌倉駅西口、江ノ電鎌倉駅（現在）
鎌倉市役所側の西口には、JRと江ノ電の駅舎が並んで建てられている。駅前広場（奥）には、旧駅舎の時計塔が保存されている。

古地図探訪　昭和30年／鎌倉駅付近
この鎌倉駅からは南東側に横須賀線、南西側に江ノ電が伸びており、江ノ電には和田塚駅がある。その間を滑川が南に流れて、相模湾に注いでいる。鎌倉の海岸は、東側が材木座で、西側が由比ヶ浜で、さらに西に稲村ケ崎や七里ヶ浜へと続く。この当時、海岸線近くの若宮大路沿いにあった鎌倉市の市役所は昭和37(1962)年の火災で焼失し、昭和44(1969)年、駅西側の御成小学校の北に現在の庁舎が建設された。駅の東側には鎌倉郵便局が存在し、その南東に日蓮宗の寺院、「東身延」と呼ばれる本覚寺がある。

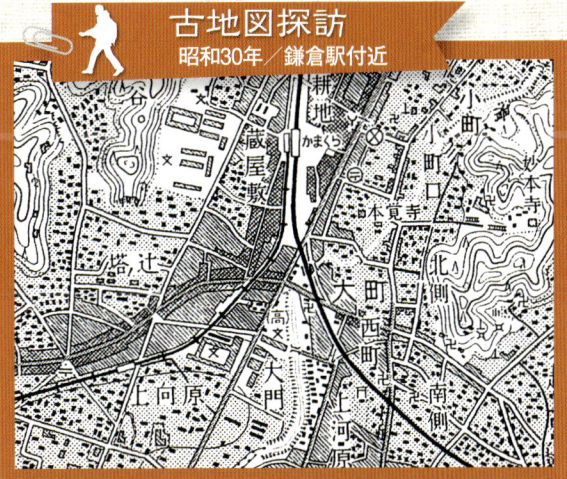

江ノ電鎌倉駅ホーム（現在）
江ノ電のホームは頭端式2面2線で、3〜5番線の番号がふられている。JR駅との連絡には、専用の乗り換え改札が設けられている。

臨時運転のE259系「成田エクスプレス」（現在）
平成26年3月から繁忙期の土曜・休日のみ横須賀駅まで成田エクスプレスが延長運転を開始した。大船以南の途中停車駅は北鎌倉、鎌倉、逗子である。

鎌倉駅に停まる修学旅行列車（昭和戦前期）
古都鎌倉には昔も今も多くの修学旅行生が訪れる。これは団体列車で鎌倉駅にやってきた淑徳高等女学校（現・淑徳中・高）の生徒たち。

ずし
逗子

明治22年、横須賀線の開業時に誕生
京浜急行逗子線の新逗子駅は近距離

開業年	明治22(1889)年6月16日
所在地	逗子市逗子1-1-10
キロ程	8.4km(大船起点)、57.8km(東京起点・品鶴線経由)
駅構造	地上駅(橋上駅)
ホーム	2面3線
乗車人員	29,424人

逗子駅(大正期)
明治22(1889)年の開業からあった初代逗子駅の駅舎。駅前では、利用者を待つ自動車と馬車？が共存していた。

逗子駅付近の商店街(昭和30年頃)
逗子駅の南側には多くの商店街が存在している。地元の買い物客だけではなく、在日アメリカ軍基地の軍人の姿も見受けられた。
提供：逗子市立図書館

逗子駅(昭和30年頃)
改築される前の二代目逗子駅。駅前には多くのタクシーが客待ちをしている左手奥にはホームを結ぶ跨線橋が見える。

逗子駅東口(現在)
平成19(2007)年に新しくなった逗子駅東口。新橋上通路が開通し、反対側の西口は南側に移転している。

　三浦半島を南下してきた横須賀線は、鎌倉駅を過ぎると南西に進路を変え、逗子駅に到着する。この先ではさらに東寄りに進路を変え、東逗子方面に向かう。逗子駅は隣りの鎌倉駅と同じ明治22(1889)年6月の開業である。

　現在、JR駅の南西には京浜急行逗子線の新逗子駅がある。この駅は昭和5(1930)年に開業した湘南電気鉄道の湘南(京浜)逗子駅とその後に延長、開業した逗子海岸駅を統合し、昭和60(1985)年に開業したものである。両駅間は約300メートル離れており、徒歩5分ほどで連絡する。

　「逗子」の地名、駅名の由来は弘法大師、空海が逗子駅の南東にある黄雲山延命寺に、地蔵尊を安置する「厨子」を建立したことによる。この寺は奈良時代、行基が自作の延命地蔵尊を本尊としたことで、延命寺と呼ばれるようになった。

　明治22年、逗子村などが合併して田越村が成立したが、大正13(1924)年に町制が敷かれて逗子町となった。昭和18(1943)年、横須賀市に編入されたものの、昭和25(1950)年に独立して逗子町が復活し、昭和29(1954)年に逗子市が成立している。

　現在、この逗子駅の東口からは田浦駅や鎌倉駅などに向かう京浜急行バス・湘南京急バスの路線バスが発着している。

逗子駅東口前（昭和30年頃）
神奈川県道24号横須賀逗子線など多くの道路が交わる逗子駅東口前のロータリー。駅舎の前にはたくさんの路線バスが停車している。

提供：逗子市立図書館

古地図探訪
昭和29年／逗子駅付近

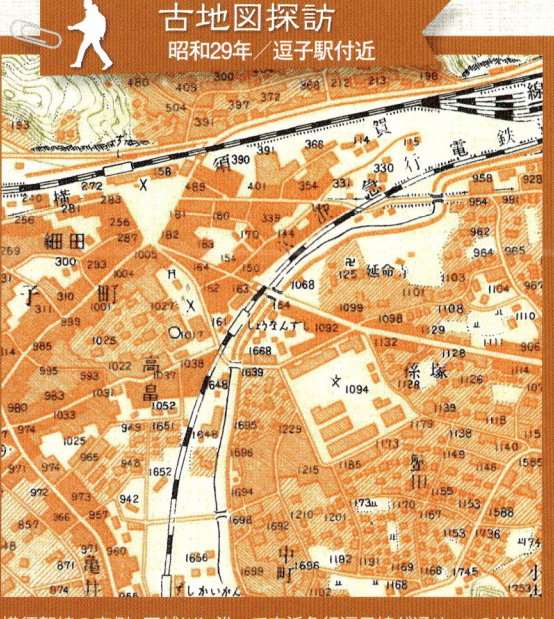

横須賀線の南側、田越川に沿って京浜急行逗子線が通り、この当時は湘南逗子、逗子海岸の2駅があった。現在は統合されて新逗子駅となっている。この両駅に挟まれるように亀岡八幡宮、逗子町役場（現・市役所）がある。湘南逗子駅の南東に見える「文」マークは、逗子市立逗子小学校で、現在は市立図書館、市民交流センターが生まれている。逗子駅の北東にある鳥居マークは熊野神社である。地図の中ほどを東西に走るのは、神奈川県道24号横須賀逗子線である。

逗子海上ページェント（昭和35年）
逗子では海開きの期間中、陸上でのパレードとともに海岸（海上）に特設ステージが作られ、ライブなどが開催されていた。

提供：逗子市立図書館

逗子付近を走る凸型車体のEF13形（昭和25年）
昭和19～22年に製造された戦時型貨物用電機。昭和28～32年にEF58形の初期箱型車体に載せ替え、昭和54年まで東海道・山手線等で貨物、中央・上越線で旅客輸送に活躍した。

見所スポット

大崎公園
相模湾を臨む高台にあり、小坪漁港、逗子マリーナが眼下に見える。ウサギの形をした明治の文豪、泉鏡花の文学碑が建つ。

延命寺
奈良時代、行基が自作の延命地蔵菩薩を安置したことで、この延命寺が生まれた。弘法大師が地蔵尊を安置する「厨子」を設けたことから、「逗子」の地名が誕生した。

81

ひがしずし・たうら

東逗子・田浦

東逗子駅は昭和27年誕生の新しい駅
田浦駅は明治37年、日露戦争時から

東逗子

開業年	昭和27(1952)年4月1日
所在地	逗子市沼間1-2-28
キロ程	10.4km(大船起点)、59.8km(東京起点・品鶴線経由)
駅構造	地上駅
ホーム	2面2線
乗車人員	5,250人

田浦

開業年	明治37(1904)年5月1日
所在地	横須賀市田浦町1-6
キロ程	13.8km(大船起点)、63.2km(東京起点・品鶴線経由)
駅構造	地上駅(橋上駅)
ホーム	1面2線
乗車人員	2,504人

東逗子駅(現在)
東逗子駅は相対式ホーム2面2線を有する地上駅で、駅舎は上り線ホームの逗子側に設けられている。駅前にはバス停はなく、タクシー乗り場がある。

東逗子駅ホーム(現在)
上りのエアポート成田が停車している東逗子駅の1番線ホーム。奥には跨線橋が見え、その向こうに駅舎もある。

古地図探訪
昭和29年／東逗子駅付近

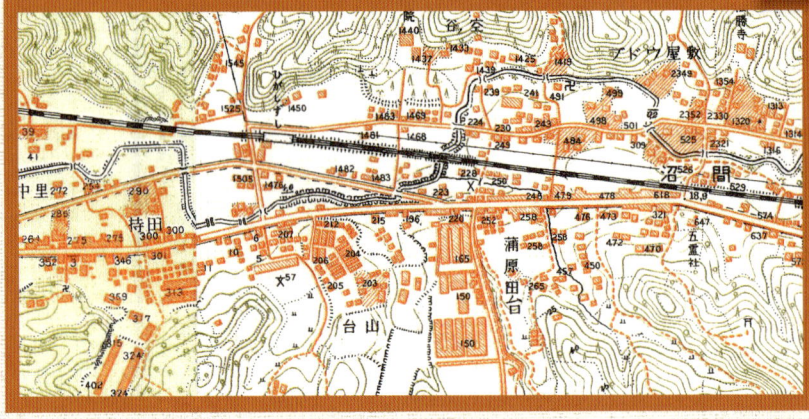

東逗子駅は昭和27(1952)年に誕生した駅であり、それからあまり時間がたっていない時期の地図である。駅の南側には、逗子市立沼間小学校が建っている。その東側、「蒲原田台」の文字があるあたりには、沼間南台住宅が建設されている。さらに東側には五霊(神)社も見える。駅の北東には曹洞宗の寺院、海宝院がある。もとは横須賀にあった良長院が、慶長年間に現在地に移され、寺院名を改めたという。ここには北条早雲が新井城の三浦道寸を攻める際に使用したという銅鐘が残されている。

　この東逗子駅付近では、横須賀線は神奈川県道24号横須賀逗子線と並行するように走っている。東逗子駅は、戦後の昭和27(1952)年4月に誕生した比較的新しい駅である。駅周辺には住宅地となっているが、北側には神武寺・鷹取山ハイキングコースが広がっており、休日には観光客も利用する。

　三浦半島を横断しながら進む横須賀線は逗子市を通過し、東京湾沿岸に至る。横須賀市内最初の駅が田浦駅である。この駅の開業は明治37(1904)年5月、日露戦争が勃発して間もなくの頃だった。

　長浦港の南側に位置する田浦駅付近では、横須賀線は国道16号線(横須賀街道)の北側を走ることになる。この国道は現在、16号であるが、歴史的には明治20(1887)年に東京から横須賀鎮守府に至る国道45号の一部として指定され、その後しばらくは、国道31号となっていた時期もあった。

　「田浦」という地名は、複雑な地形から「手浦」といわれた時期もあり、鎌倉時代から存在していた。江戸時代には、田浦、長浦、浦之郷などの村があったが、明治22(1889)年に浦郷村が成立し、大正3(1914)年に田浦町と改称した後、昭和8(1933)年に横須賀市に編入されるまで存在した。

田浦駅北口（現在）
橋上駅舎となっている田浦駅は、跨線橋の両端に北口、南口が設けられている。早朝時間帯には無人駅となる。

田浦駅付近の七窯トンネル（現在）
田浦駅のホームから横須賀側に見える七窯（しっかま）トンネル。一番左側のトンネルは、太平洋戦争中に造られた軍需工場の専用線のもの。

田浦トンネルに進入する上り電車（現在）
田浦駅の鎌倉側にある田浦トンネルは明治22年に完成（現在の下り線用）。写真の上り線用は複線化された大正13年から使用されている。

神武寺鷹取山ハイキングコース略図（現在）
東逗子駅の北西、京急逗子線の神武寺駅方面には、神武寺鷹取山ハイキングコースがあり、レトロな案内板も残っている。

古地図探訪
昭和29年／田浦駅付近

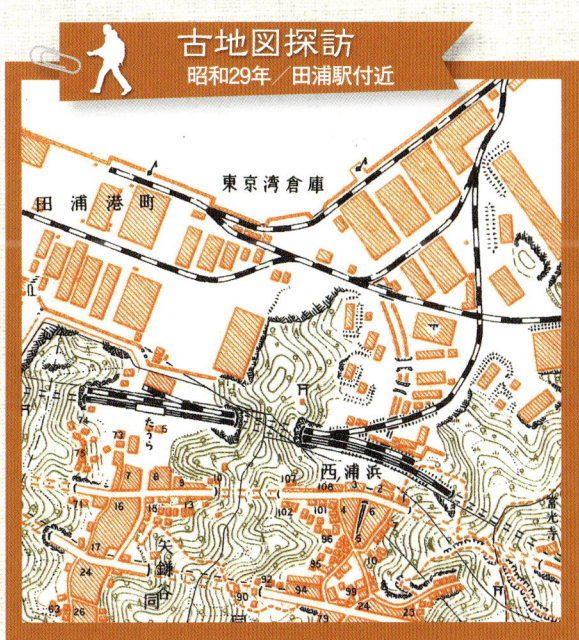

比較的短い2つのトンネルに挟まれる形で、横須賀線の田浦駅が置かれている。一方、京浜急行線には京急田浦駅が存在するものの、北西に約1.5km離れた場所にあり、乗り換えには適さない位置関係である。その隣駅となる安針塚駅も同様に、田浦駅とは離れて位置に存在する。駅の北側の長浦港に面した場所には、相模運輸倉庫が保有する専用線の線路が張りめぐらされていたが、現在は使われていない。一方、南側には、横須賀街道（国道16号）の2本の道路が見えるが、市街地の面積はそれほど広くはない。

横須賀の旧海軍施設

　いまも軍港として残る横須賀港が、旧日本海軍の一大拠点であったことを知る人は多い。横須賀には明治17（1884）年、東海鎮守府が横浜から移転し、「横須賀鎮守府」となって以来、海兵団、海軍機関学校、海軍砲術学校など多くの施設が作られた。こうした施設の多くは太平洋戦争の終戦で姿を消したが、一部の建物などは転用されて現在も残り、近代産業遺産として保存され、私たちが目にすることができる。

横須賀鎮守府（大正期）

見所スポット

安針塚
桜の名所として知られる塚山公園内にある。徳川家康に仕えたオランダ人、ウィリアム・アダムス（三浦按針）の供養塔が建つ。

よこすか
横須賀

日本海軍拠点の軍港から、在日米軍港に
明治22年、横須賀線の開業時の終着駅

開業年	明治22(1889)年6月16日
所在地	横須賀市東逸見町1-1
キロ程	15.9km(大船起点)、65.3km(東京起点・品鶴線経由)
駅構造	地上駅
ホーム	2面3線
乗車人員	5,573人

横須賀駅(昭和戦前期)
軍港の街の玄関口であり、海辺の終着駅であった頃の横須賀駅。構内には貨車や多くの荷物、駅前には多くの人力車が並んでいる。

横須賀駅(昭和戦前期)
がっしりとした構えだった二代目横須賀駅。日本海軍を代表する軍港を控え、くの人々のドラマがあったことだろう。

横須賀駅付近(昭和26年頃)
横須賀線の電車と横須賀駅の駅舎とのツーショット写真。広い駅前の広場を挟んだ向こう側には、横須賀軍港の施設が広がっている。
提供：横須賀市

横須賀駅(昭和42年)
太平洋戦争直前に完成し、現在も使用されている横須賀駅のコンクリート造りの駅舎。この頃、正面上には時計があった。

　横須賀駅は明治22(1889)年6月、官設鉄道(現・横須賀線)の大船～横須賀間の終着駅として開業している。その後は半世紀以上の間、終着駅だったが、昭和19(1954)年に横須賀線が久里浜まで延長されて、途中駅となっている。京浜急行の汐入、横須賀中央駅が市内中心部に近い場所にあるため、乗降者数はそれほど多くない。

　歴史的に見て、この横須賀駅は呉線の呉、舞鶴線の新舞鶴(現・東舞鶴)駅と同様、日本海軍の軍港を控えた重要な駅として存在していた。明治17(1884)年、海軍の東海鎮守府が横浜から移転して横須賀鎮守府となり、造船所や海兵団、海軍機関学校などの諸施設が次々と誕生した。横須賀の港および街は、日本海軍の拠点(基地)となっていくことで大きく発展したのである。

　戦後、旧海軍施設はアメリカ軍横須賀基地に転用され、現在は海上自衛隊の横須賀基地も置かれている。横須賀港の港湾区域は広く、13地区に分かれているが、JR駅の位置する付近は本港地区である。

　ここには江戸時代から横須賀、東浦賀村などがあり、明治9(1876)年に横須賀、浦賀町が成立。明治40(1907)年に横須賀市が誕生した。その後、衣笠村、田浦村、久里浜村、浦賀町などを併合し、現在のような人口40万人を擁する都市となっている。

横須賀付近の区間列車（平成20年）

横須賀線のホームの長さは逗子駅以北は15両編成分なのに対し、以南（除く田浦駅）では11両分となっている。そのため付属の4両編成による短区間運行が行われ現在まで続いている。

横須賀駅（現在）

昭和15（1940）年に改築された現（3代目）駅舎は今もモダンなたたずまいを見せている。平成9（1997）年、「関東の駅100選」に選ばれた。

横須賀付近のE217系（現在）

平成6年に登場し、横須賀・総武快速線の113系を完全に置き換えた。その後、通勤形と共通化を図ったE231系にシフトしたため、他の線区には進出しなかった。

古地図探訪
昭和29年／横須賀駅付近

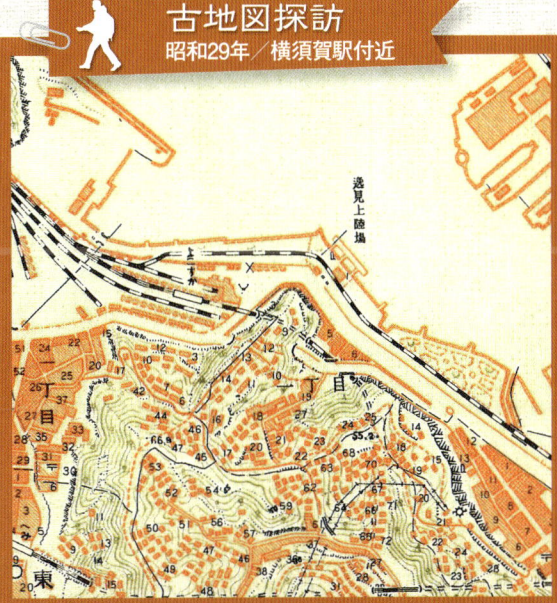

地図の北側には海上自衛隊、在日アメリカ軍が使用する横須賀本港が広がり、中央には横須賀駅がある。一方、南西側の隅には、京浜急行線の逸見駅がある。この横須賀駅は横須賀線の終点だった時代が長く、この地図でも今も残る頭端式のホーム（1・2番線）を確認することができる。駅の東側に見える緑の場所は臨海公園、現在のヴェルニー公園である。その東側には、ショッパーズプラザ横須賀が誕生し、その前から「YOKOSUKA軍港めぐり」の観光船が発着している。

見所スポット

ヴェルニー公園
「臨海公園」だった場所がフランス式庭園様式を取り入れた公園となった。名称は、横須賀ゆかりのフランス人技術者、レオンス・ヴェルニーに由来する。

三笠公園
日本海軍、連合艦隊の旗艦として、日露戦争の日本海海戦で活躍した戦艦・三笠が保存、公開されている。園内には音楽噴水もある。

横須賀市自然・人文博物館
横須賀市文化会館に隣接して建つ博物館。自然博物館と人文博物館の2館で、三浦半島の自然と文化に関する資料などを展示している。

きぬがさ・くりはま

衣笠・久里浜

単線区間に昭和19年、衣笠駅が誕生
横須賀線の終点、ペリー上陸の久里浜

衣笠

開業年	昭和19年4月1日
所在地	横須賀市衣笠栄町2-65
キロ程	19.3km（大船起点）、68.7km（東京起点・品鶴線経由）
駅構造	地上駅
ホーム	1面2線
乗車人員	9,155人

久里浜

開業年	昭和19(1944)年4月1日
所在地	横須賀市久里浜1-3-7
キロ程	23.9km（大船起点）、73.3km（東京起点・品鶴線経由）
駅構造	地上駅
ホーム	1面2線
乗車人員	7,127人

衣笠駅（昭和30年）
太平洋戦争中の昭和19(1944)年に開業した衣笠駅の駅舎。北側の県道27号横須賀葉山線に面して、バスターミナルが設けられている。
提供：横須賀市

衣笠駅前商店街（昭和37年）
バス、オートバイが走る衣笠駅前付近。右手に衣笠駅がある、県道27号横須賀葉山線の風景か。
提供：横須賀市

衣笠駅（現在）
駅前ロータリーの前には、神奈川県道27号横須賀葉山線（衣笠通り）が通る。他の鉄道駅とは遠く、多くの路線バスが駅前ターミナルにやってくる。

衣笠商店街（昭和44年）
衣笠駅前付近の衣笠商店街は、昭和戦後期には映画館やボウリング場などもあって大いに栄え、現在も買い物客で賑わっている。
提供：横須賀市

　「海沿いの鉄道」というイメージのある横須賀線だが、海岸線を走る区間は意外と短く、横須賀駅付近だけで、この駅を過ぎるとすぐにトンネル区間となり、以後は内陸を走る。次の衣笠駅の開業は横須賀線の延伸時の昭和19(1944)年4月。横須賀～久里浜間は単線区間のため、この駅で列車交換が行われている。
　「衣笠」の地名、駅名は源氏の有力武将だった三浦一族の居城、衣笠城に由来する。現在、その跡地は衣笠城址として整備され、谷を隔てた衣笠山公園は桜の名所として有名である。もともとは、笠を伏せた形に似た地形から、衣笠山と呼ばれたといわれる。

　横須賀線の終点である久里浜駅は昭和19年4月に開業した。この駅は横須賀線では珍しい他線（京急久里浜線）との連絡駅であるが、「京急久里浜駅」は一足先の昭和17(1942)年に誕生している。当時は「久里浜」駅を名乗っていたものの、国鉄駅の誕生で「湘南久里浜」となり、昭和38(1963)年に「京浜久里浜」と変わり、昭和62(1987)年に現駅名に改称している。
　駅の東には久里浜港があり、東京湾フェリーターミナル、ペリー公園が存在する。後者は嘉永5(1853)年、黒船を率いて来航したアメリカのマシュー・ペリー提督が上陸した場所で記念碑、記念館が建つ。

久里浜駅(現在)
海に近い終着駅の雰囲気がある久里浜駅。この先には京急久里浜駅があり、乗り換えてさらに南(三崎口方面)に進むことができる。

横浜支社総合訓練センター(現在)
久里浜駅構内に所在する。旧国府津機関区久里浜支区の跡地を活用し平成10年に開設された。209系の車両を改造した訓練車を使用している。

久里浜駅(昭和37年頃)
京急久里浜駅側から見た国鉄の久里浜駅前で、駅前には広いスペースがあった。左側に見える駅舎の姿は窓の数を除けば、ほとんど変わらない。

終着駅久里浜のE217系(現在)
当駅から東京湾の向かい側である千葉県を目指した列車が運行されており、成田空港、君津、上総一ノ宮など長距離の行き先の設定もある。

古地図探訪 昭和29年／衣笠駅付近

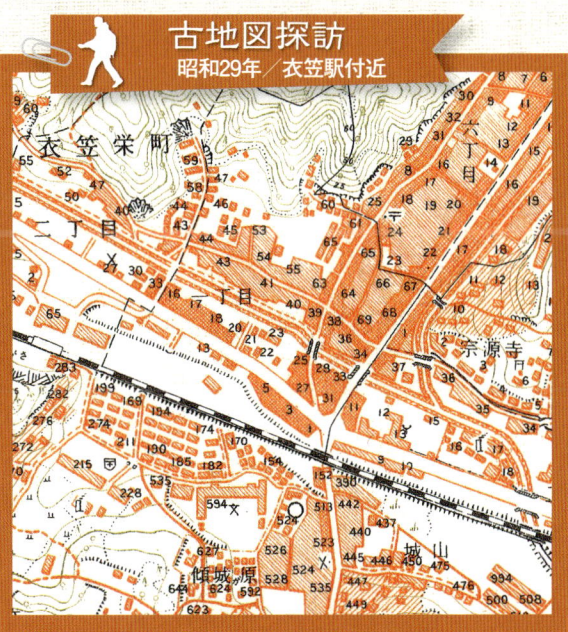

横須賀駅を出た横須賀線はすぐにトンネル区間に入り、ほぼ真っ直ぐに南へ向かう。そして、この衣笠駅の手前で地上に出て、東に進路を変えることになる。衣笠駅付近では、西から来た神奈川県道27号横須賀葉山線と寄り添う形になるが、この県道27号は駅東側の衣笠交差点で、神奈川県道26号横須賀三崎線と交差することになる。また、カーブしながら東側に流れる平作川は、久里浜駅の東側、開国橋が架かる久里浜港付近で、東京湾に注ぐことになる。

見所スポット

久里浜駅の駅名表示板(現在)
JR線では、三浦半島を行くのもここまで。横須賀線の終着駅を示す久里浜駅の駅名表示板。

ペリー公園
黒船を率いて太平洋を渡り、幕末の日本へ来航した米・ペリー提督の上陸地に整備された公園。ペリー上陸記念碑のほか、ペリー記念館もある。

観音崎灯台
三浦半島東端、観音崎に立つ日本最古の洋式灯台。明治2(1869)年に完成、点灯した。2度の地震をへて、大正14(1925)年に、現在の3代目灯台が建設された。

生田 誠（いくた まこと）

昭和32年生まれ。東京大学文学部美術史学専修課程修了。産経新聞東京本社文化部記者などを経て、現在は地域史・絵葉書研究家。絵葉書を中心とした収集・研究を行い、集英社、学研パブリッシング、河出書房新社、彩流社、アルファベータブックス等から著書多数。

【写真提供】
伊藤威信、岩堀春夫、小川峯生、荻原二郎、長門 朗、山田 亮、山田虎雄（50音順）
大田区役所、小田原市役所、川崎市市民ミュージアム、逗子市立図書館、港区立港郷土資料館、横須賀市役所、横浜市史資料室（50音順）

【絵葉書所蔵】
生田 誠

【鉄道写真解説】
三好好三（8p左下、16p右下、21p左下、24p右下、39p左3枚目、45p左上、45p右上、49p上、49p左2枚目、19p左下、51p左上、53p右上、67p右上、71p左上、71p右上、81p左下）

東海道線・横須賀線　街と駅の1世紀

発行日‥‥‥‥‥‥‥‥2015年6月5日　第1刷　　※定価はカバーに表示してあります。

著者‥‥‥‥‥‥‥‥‥生田 誠
発行者‥‥‥‥‥‥‥‥佐藤英豪
発行所‥‥‥‥‥‥‥‥株式会社アルファベータブックス
　　　　　　　　　　〒102-0072　東京都千代田区飯田橋2-14-5 定谷ビル2階
　　　　　　　　　　http://ab-books.hondana.jp/
　　　　　　　　　・本書内容についてのお問い合わせは、下記までお願いいたします。
　　　　　　　　　　【メール】henshuubu@photo-pub.co.jp　【TEL】03-5988-8951
編集協力‥‥‥‥‥‥‥株式会社フォト・パブリッシング
装丁・デザイン・DTP‥古林茂春（STUDIO ESPACE）
印刷・製本‥‥‥‥‥‥モリモト印刷株式会社

ISBN 978-4-86598-801-7
本書は日本出版著作権協会（JPCA）が委託管理する著作物です。
複写（コピー）・複製、その他著作物の利用については、事前にJPCA（電話 03-3812-9424、e-mail:info@jpca.jp.net）の許詔を得てください。なお、無断でのコピー・スキャン・デジタル化等の複製は著作権法上での例外を除き、著作権法違反となります。